What is Career Education at University?

大学における
キャリア教育
とは何か

7人の
若手教員
による挑戦

永作 稔・三保紀裕 編
Minoru Nagasaku & Norihiro Miho

田澤 実・本田周二・杉本英晴・家島明彦・佐藤友美 著
Minoru Tazawa, Shuji Honda, Hideharu Sugimoto,
Akihiko Ieshima, & Tomomi Sato

ナカニシヤ出版

まえがき

■ 大学におけるキャリア教育の導入過程

　大学は高等教育機関であり，学問を修める場であることに今も昔も変わりはない。その大学に「キャリア教育」という教育改革の風が吹き始めてから，本書刊行の 2019 年時点で 16 年ほどになるだろうか。

　日本の公式文書でキャリア教育という文言が初めて登場したのは 1999 年の中央教育審議会の答申（以下，中教審答申）であった。いわゆる接続答申である。その後，2004 年に「キャリア教育の推進に関する総合的調査研究協力者会議」による報告書が出されたことを一つの契機として，まずは中等教育段階を中心に職場体験学習などのキャリア教育にかかる実践が広がった。この報告書では，キャリア教育を力強く推進し，「小学校段階から，自己と他者や社会との適切な関係を構築する力を育て，将来の精神的，経済的自立を促していくための意識の涵養と豊かな人間性の育成」が必要であると提言されている。そして，初等教育のみならず高等教育段階においてもその理念は共有されるべきであることが示唆されたのである。

　この頃から大学でもキャリア教育の先駆的取り組みが各所で現れ始め，これらを受けるように文部科学省の事業である「現代的教育ニーズ取組支援プログラム」（現代 GP）にあらたなテーマとして「実践的総合キャリア教育の推進」が取り入れられたのが 2006 年のことである（私事であるが，専任教員としてのアカデミックキャリアを筑波大学でスタートしたのが，まさに 2006 年の現代 GP 専任教員としてであった）。そして，2008 年の中教審答申「学士課程教育の構築に向けて」では，「学生が入学時から自らの職業観，勤労観を培い，社会人として必要な資質能力を形成していくことができるよう，教育課程内外にわたり，授業科目の選択等の履修指導，相談，その他助言，情報提供等を段階に応じて行い，これにより，学生が自ら向上することを大学の教育活動全体を通じて支援する「職業指導（キャリアガイダンス）」を適切に大学の教育活動に位置づけることが必要である」と提言された。さらにこれを経て，2011 年の大学設置基準改正においては「大学は，当該大学及び学部等の教育上の目的に応じ，学生が卒業後自らの資質を向上させ，社会的及び職業的自立を図るために必要な能力を，教育課程の実施及び厚生補導を通じて培うことができるよう，大学内の組織間の有機的な連携を図り，適切な体制を整えるものとする」ことが義務

づけられた。いわゆる職業指導（キャリアガイダンス）の義務化である。

■ 就職部のキャリアセンター化とキャリア教育黎明期から混沌期への移行

　上記の社会的・制度的動向と並行して，大学ではそれまで就職課など主に大学職員による厚生補導業務のなかで行われてきた就職支援（出口指導）が，キャリア教育という名前で教学側の業務として拡大を始めた。さらに出口指導だけではなく，その取り組み内容は初年次教育にも及んだのである。一方この量的・質的拡大は教学側にとって，少なからぬ戸惑いが伴っていたことと思われる。前後して押し寄せていたさまざまな業務拡大の波のなかで，キャリア教育はその一部にすぎなかったし，学問の場を中心的に担う一員としての自覚が，学生の就職にかかる指導に関与することに対するためらいを後押ししたであろうことは推測に難くない（永作, 2012）。事実，現代 GP の取り組みを進めていくなかで筆者自身もさまざまな抵抗意識や教員側の戸惑いを目の当たりにした（一方でキャリア教育の重要性を理解する心強い仲間や同志の先生方にも数多く出会うことができた）。

　かくして，大学ではキャリア教育の導入が始まり，それに伴ってそれまで就職課，就職支援課などの名称で呼ばれてきた組織がキャリアセンターと改変された。常駐するか否かは別として，そこに教員が配属される組織体制が整っていったのである。キャリア教育の黎明期にあたるといえよう。そして，（その多くは任期がついた雇用形態で）産業界の人材がその採用活動業務の経験や豊富な社会経験を請われてキャリアセンターの教育部門，およびキャリア教育科目の担当者として大学に流入していった。もちろん，本書執筆者のほとんどがかつてそうであったように，キャリア教育やキャリア発達に資する研究分野を専門とする研究者も，同じようにキャリア教育の担当者として雇用されるケースはあった。しかし，そもそも全国の大学数に比するとそのような専門性を有し，かつ求職意識のある層は限定的であったことや，上記の大学側のニーズとマッチしにくいことから，そのような事例は限定的であったように思われる。このことは大学におけるキャリア教育が現時点で玉石混淆の様相を呈し，量的拡大は果たされたものの，質的な部分では非常に混沌としているといわざるをえない現状の背景要因となっている。

　端的にいえば，キャリア教育を単に「就職先の内定を目指した意識と技術の指導」や，よくても「就職後のキャリアにおけるエンプロイアビリティの涵養」に限定してとらえて，大学の本来的機能である「学問」との接点をおろそかにした結果がこの混沌状態を生んでいると考えられる。たとえば欧米ではキャリア教育の推進

は教科学習や学問へのモチベーションとパフォーマンスを高めることが自明となっており，具体的なエビデンスもある。たとえば，目の前の課題や授業が自分にとって，あるいは自分のこれからのキャリアにとってどのような価値があるのか，さらにまた職業社会や地域社会にはどのようなニーズやシーズがあり，それは自らの学びとどう結びつく可能性があるのか，などを考えることは学ぶことへの意識を変える。少し考えれば至極当然の帰結だといえるだろう。つまり，職業選択や内定獲得に直結するような活動や意識形成を促すことだけがキャリア教育ではないのである。

こと大学におけるキャリア教育では，個々の学生に自身の生涯キャリアにおいて大学での専門教育にはどのような価値があるのかということを意識させて，次のステップである職業社会の現状を踏まえてそれらを意味づけさせることで，大学生活を有意義に過ごすことができるように促すことが重要である。また，大学という場や大学生という時期が生み出すさまざまなカリキュラム外の活動がもつ意味の重要性も併せて伝えるべきである。先に示したような狭い意味でのキャリア教育は，極論すると学生にその先ばかりを意識づけることで，かえって大学時代の学びや経験はどうでもいいと思わせてしまう危険性を伴うことになりかねない。大学におけるキャリア教育の担当者はこのことを強く認識するべきであり，専門教育とキャリア教育の融合やキャリア教育の専門教育課程へのビルトインを模索するべきなのである。しかし，現状はどうかというと，ややもするとキャリア教育を専門教育から切り分けてしまいがちな面がある。その端的な現れは，キャリア教育の専門業者，あるいは外部識者に対するアウトソーシングであろう。もちろん良識的な業者，識者も存在することを筆者は実体験から知っている。しかし彼らが専門教育や教育課程に踏み込んで業務を遂行しようとしてもさまざまな障壁が邪魔をする。「外部の人間」だからである。実際にその苦しさを吐露された経験もある。これでは大学のキャリア教育はいっこうに改善されず，景気の動向や大学経営側の意向によって危うい立場に置かれてしまいかねない。これではいけない，という強い危機感が編者や執筆者一同にあり，それが本書を世に送り出す大きなモチベーションとなっている。

■ もう一つの懸念：教職員間の対立構造と非関与意識は打破できるか

上西（2007）は全国の大学を調査し，キャリア教育の課題を検討している。そこでは「一部の教員だけがキャリア教育を担っており，負担が偏りがちである」（47.2％）や「学部教育との連携が図られていない」（38.1％）という結果が出ている。ここからもキャリア教育が一部の教員のみが行うものとなりがちで，学部で行われる専門

教育とのつながりが得にくい状況がみえてくる。10年以上前の調査ではあるが，上述のとおり，これらの課題は現在も残存していると考えられる。なぜならば，これは構造的な問題だからだ。就職にかかる指導は職員の仕事であり，キャリア教育はキャリアセンターの教員や外部業者の仕事であるといった「教員のキャリア教育に対する非関与意識」はそう簡単に拭えるものではない。こうした「教員－職員」の間あるいは「一般の教員－キャリア教育専門の教員」の間に横たわる対立構造を打破することが大学におけるキャリア教育の質的向上を進めていくうえで非常に重要なポイントになる。

　しかし，教員の意識を変えるということはなかなかに難しい。キャリア教育の専門家として雇われた教員が，われわれのように若手である場合，その声はなかなか大学や学部の上層部に届きにくいのである。また，担当者がある程度のベテランであったとしても，もともと民間企業から大学に流入してきた教員である場合が多く，アカデミックキャリア一本で歩んできた教員からの反発を買いやすい。実際にキャリアセンターに所属しキャリア教育を担当している専任教員が，ある学部の会議に参加して協力関係の構築を打診したところ，「それはお前の仕事だ！　われわれに押しつけるな！」と怒鳴られたそうである。また，キャリア教育の担当者が任期付教員である場合には，授業や学生支援業務の合間にこのようなニッチな課題に手をつけるだけの時間的・心理的余裕はないだろう。さらに，（繰り返しになるが）外部の業者や識者にはできないことである。こうした構造的な問題や非関与意識が根強く残っているかぎり，大学におけるキャリア教育の質的向上は遅々として進まない。このような事情をふまえて本書のタイトルを『大学におけるキャリア教育とは何か──7人の若手教員たちの挑戦』とした。本書の関係者一同が共有しているもどかしさや課題認識を，少しでもご理解いただきながら各章を読み進めていただけたら幸甚である。

■ 本書の特徴
1）7人の専門家若手教員によるキャリア教育プログラムの紹介

　本書の執筆者7名全員が刊行時点で40歳以下の若手教員であり，それぞれの大学で専任教員として勤務している。また，キャリア教育やキャリア発達に関連する研究領域を専門としており，過半数が日本キャリア教育学会の理事や委員を務めている。本書ではこのようなキャリア教育の本質に精通する気鋭の集団が，自身の所属する大学の実情に合わせて練り上げた正課内のキャリア教育プログラムの紹介を

している。これが本書の最大の特徴である。プログラム開発の過程では，担当科目のカリキュラム上の位置づけを意識し，受講する学生のキャリア発達を促すための工夫がちりばめられている。一見すると型にはまった「よくある」授業内容にみえる部分でも，なぜそれが必要であるかということについて説明責任を果たすことができるのが本書の強みである。そして，各々が所属している大学も旧帝大に属する国立大学や私立大学伝統校から新興私立大学，女子大学とバラエティに富んでいる。大学の所在地も関東圏3校，中京圏1校，関西圏2校と，全国各地を網羅するとまではいかなくとも，ほどよいバランスとなっている。これらの背景は大学におけるキャリア教育の現状を浮き彫りにすることを強力に後押ししてくれている。

2）総合・教養科目型（第1章〜第3章）と専門教育融合型（第4章〜第6章）

大学におけるキャリア教育は正課科目に落とし込まれる過程で，主に低学年次を対象とした総合・教養科目型のプログラムと学部の特性を色濃く反映した専門教育融合型のプログラムができてきたように思われる。前者は大学への初期適応や専門教育を受けるにあたって必要な素養を育むなど，これからの専門的な学びを支える基礎を築く点に特徴がある。つまり，どのような学部に所属する学生であっても汎用的に価値をもつプログラムであるといえる。一方後者のプログラムは，それぞれの学部特性に応じた教育内容に踏み込んだ構成となっている点に大きな特徴をもつ。たとえば実践型学習の色合いが濃い実習プログラムであったり，その学部を卒業した社会人へのインタビューであったり，心理学教育の一環としてキャリア教育プログラムが構築されていたりといった具合である。

3）ピアレビュー

さらなる特徴は，各章の最後に設けられた執筆者同士のピアレビューである。ピアレビューではその章の簡潔なサマライズをした後で，紹介されたキャリア教育プログラムがなぜ優れているのかという点を【ここがスゴイ！】と項目立てて解説している。所属する大学は違えども，その専門性や世代性を共有する同士だからこそ共感できる苦労や苦心のポイントなどがある。それらをここで紹介することで行間に潜んでいる重要なポイントが浮き彫りになってくるのである。さらに【ここが論点！】という項目では，今後の発展に向けた示唆が与えられる。どんなプログラムにも個々の科目だけでは網羅できない部分や，現状のプログラム自体が抱える課題などが存在する。いわば終わりなき教育内容改善のヒントとなる視点がここに反映

されるのである。

　本項のおわりに本書全体の課題をあげる。本書には大学におけるキャリア教育の柱として重要な一角を担うインターンシップに関するプログラム紹介が足りていない。第4章の法政大学キャリアデザイン学部における取り組みは広い意味でのインターンシップとしてとらえることも可能であるが，いわゆる企業インターンシップとは異なっている。

　しかし，あえてこれを積極的に外したわけでも，大学におけるキャリア教育としてインターンシップが適切でないことを主張したいわけでもないことを弁明しておきたい。ただし，インターンシッププログラムの紹介については経済産業省などをはじめ類書が多い。またインターンシップには学生側のメリットだけではなく，地域にとってのメリットやインターンシップ先の企業にとっての思惑など，さまざまなステークホルダーが存在することから，本書の構成になじみにくかった面があることは否めない。この点は編者の一人として今後の課題であると考えている。ご容赦いただきたい。

■ 本書がキャリア教育担当者や大学関係者にとって役立つ理由

　本書の各章で紹介されるプログラムは，それぞれおよそ2/3が総論で，プログラム全体の構成や成り立ちを紹介し，1/3が各論で象徴的な授業回を詳細に紹介する構成になっている。総論にはカリキュラム上の位置づけや全体構成が必ず含まれており，各論には授業で使用されている教材や時間配分などが紹介されている。そのため，すぐに使える教材のヒントや教育改革の方向性に関する示唆が得られるように配慮されている。したがって，大学などでキャリア教育を担当している担当者はもちろんのこと，キャリアセンターの職員や大学経営陣がそれぞれの業務や教育内容を見直すために使用することができるようになっている。

■ 本書が高等学校の進路指導担当者や高校生・保護者にとって役立つ理由

　本書では「大学におけるキャリア教育とは何か」という正答のない問いかけに対して，各執筆者がそれぞれの立場でもがきながら実践している現時点でのベストアンサーが紹介されている。あくまでも現時点の，とする理由は，先のピアレビューの解説でもふれたように，教育改善には終わりがないからである。そのため，大学におけるキャリア教育の王道にふれることができる内容になっている。

　したがって，高等学校の進路指導担当者や高校生，またその保護者にとって進学

先を検討する際に役に立つだろうと考えられる。その大学で行われているキャリア教育が真に良質なものであるかどうかを見極めるためのヒントが得られるからである。

2019 年 5 月
永作　稔

●引用・参考文献
上西充子（2007）.「大学におけるキャリア支援——その動向」上西充子［編］『大学のキャリア支援——実践事例と省察』産労総合研究所出版部経営書院，pp.24-76.
永作　稔（2012）.「支援はどう進めるべきか」若松養亮・下村英雄［編］『詳解 大学生のキャリアガイダンス論——キャリア心理学に基づく理論と実践』金子書房，pp.122-135.

目　次

まえがき　*i*

第1部　教養・総合科目型キャリア教育科目

01　国立総合大学の教養教育におけるキャリア教育科目の開発 ─ 3
家島明彦

第1節　はじめに　*5*
第2節　大阪大学について　*5*
第3節　授業開設の背景　*7*
第4節　カリキュラム上の位置づけ　*8*
第5節　授業のねらい　*10*
第6節　授業内容や授業構成　*11*
第7節　評価方法　*14*
第8節　効果検証　*17*
第9節　第6回の授業の詳細　*21*
◆国立総合大学の教養教育におけるキャリア教育科目の開発：
家島明彦先生への意見　*29*

02　キャリア教育課程の新設およびキャリア教育科目の開発・実施とその効果 ─ 33
中部大学全学共通教育科目「社会人基礎知識」を事例として　　杉本英晴

第1節　授業の背景・経緯　*35*
第2節　カリキュラム上の位置づけ　*38*
第3節　授業のねらい　*39*
第4節　授業内容や授業構成　*40*
第5節　効果測定　*45*
第6節　効果測定からみた教育的効果と課題　*54*

目　次

　　第7節　「ライフイメージ」ワークシートを用いた授業紹介　*55*
　　第8節　おわりに　*64*
　◆キャリア教育課程の新設およびキャリア教育科目の開発・実施とその効果：杉本英
　　晴先生への意見　*66*

03　初年次を対象としたキャリア科目の実践と評価 ―― *69*
　　　　　　　　　　　　　　　　　　　　　　　　　　　　三保紀裕

　　第1節　はじめに　*71*
　　第2節　授業の背景・経緯　*71*
　　第3節　カリキュラム上の位置づけ　*73*
　　第4節　授業のねらい　*74*
　　第5節　授業内容・運営　*75*
　　第6節　プログラムの評価・効果測定　*80*
　　第7節　「大学生活」に焦点をあてたコンセプトマップの作成　*88*
　　第8節　まとめにかえて　*93*
　◆初年次を対象としたキャリア科目の実践と評価：三保紀裕先生への意見　*96*

第2部　専門教育融合型キャリア教育科目

04　私立大学2年生に対する体験型科目の開発と効果検証 ―― *101*
　　　　　　　　　　　　　　　　　　　　　　　　　　　　田澤　実

　　第1節　はじめに　*103*
　　第2節　授業の背景・経緯　*103*
　　第3節　カリキュラム上の位置づけ　*106*
　　第4節　授業のねらい　*106*
　　第5節　授業内容や授業構成　*107*
　　第6節　プログラムの評価　*110*
　　第7節　効果検証　*111*
　　第8節　「キャリアサポート事前指導」　*119*
　　第9節　「キャリアサポート実習」　*123*
　◆私立大学2年生に対する体験型科目の開発と効果検証：
　　田澤実先生への意見　*127*

05　心理学教育をとおした社会人基礎力の育成 ── *131*

本田周二

　第1節　授業の背景・経緯　*133*
　第2節　カリキュラム上の位置づけと授業構成　*138*
　第3節　プログラムの評価　*144*
　第4節　「最終成果報告会」について　*145*
　第5節　効果検証　*151*
　◆心理学教育をとおした社会人基礎力の育成：本田周二先生への意見　*157*

06　私立大学2年生に対するキャリア教育科目の開発・実施とその評価 ── *161*

永作　稔

　第1節　はじめに　*163*
　第2節　授業の成り立ち　*163*
　第3節　カリキュラム上の位置づけ　*165*
　第4節　授業のねらい　*165*
　第5節　授業内容や授業構成　*166*
　第6節　主要な授業実施形式（授業スタイル）　*169*
　第7節　プログラムの評価　*171*
　第8節　ライフ・キャリア・レインボー・シートを用いた授業の紹介　*178*
　第9節　おわりに　*184*
　◆私立大学2年生に対するキャリア教育科目の開発・実施とその評価：
　　永作稔先生への意見　*186*

あとがき　*189*

第1部

教養・総合科目型キャリア教育科目

家島明彦 **01**

国立総合大学の教養教育における
キャリア教育科目の開発

第1部　教養・総合科目型キャリア教育科目

◆共通シート：国立総合大学の教養教育におけるキャリア教育科目の開発

開講年次

1年前期	1年後期	2年前期	2年後期	3年前期	3年後期	4年前期	4年後期	卒業

大学（学部）	科目名	必修科目／選択科目	
大阪大学（全学部）	現代キャリアデザイン論	選　択	
カリキュラム上の位置づけ		授業回数	複数科目の連動
全学共通科目		15回	な　し
授業規模（履修登録人数）			
D. 100人以上			
科目担当教員数	科目担当教員属性内訳	教員ミーティング	
1名	専任教員1名（センターなど1名）	な　し	
授業の主なねらい			
①グローバル化・複雑化する現代社会を生き抜くために必要な力を身につけてもらうこと ②大学での学びを今後の進路・職業選択や人生設計に活かせるようになってもらうこと			
授業スタイル（講義主体，グループワーク主体，外部講師講演主体など）			
講義と演習を組み合わせたスタイル			
プログラムの評価			
【授業ごと，授業実施中の評価】 ・毎回の授業後に提出させる「ふりかえりシート」の分量および内容（量的・質的データ） ・グループディスカッション時の発言の回数および内容（量的・質的データ） 【授業実施後の評価】 ・授業後の期末テスト（量的データ） ・授業全体に対する学生の評価コメント（質的データ）			
効果検証			
昨年度の同授業受講者との比較（自由記述の分量および内容）			

第1節　はじめに

　本章では国立大学法人大阪大学の全学共通教育（教養教育）におけるキャリア教育科目である「現代キャリアデザイン論」について概説する。この授業は2014年度に新規開講された科目であり，研究重視の旧帝国大学である大阪大学においてキャリア（ライフ・キャリアとワーク・キャリアの両方）を真正面から取り上げた学術的かつ実践的なキャリア教育科目である。特徴として，全学部・全学年を対象としていること，受講者数が100名を超えていること，大講義室でのアクティブラーニング型授業であること，インプットとアウトプットのバランスが考慮されていること，理論と現場の両方からバランスよく学ぶように設計されていること，などがあげられる。2016年度には教室定員200名に対して3倍以上の合計660名が受講を希望する人気授業となっている。

第2節　大阪大学について

　教育プログラム開発の際に重要なのは文脈と対象である。すなわち，大学においてキャリア教育プログラムを開発する際に重要となるのは，当該大学の背景および当該大学生の実力である。そこで，まずは教育プログラム開発の舞台となった大阪大学について説明する。

　大阪大学は11学部からなる総合大学であり，国立大学としては学部学生の人数が最も多い大学である（表1-1）。また，旧帝国大学ということもあり，いわゆる学力偏差値で大阪大学を進学先に決めた学生も少なくない。すなわち，日本に約780ある大学（文部科学省生涯学習政策局調査企画課, 2018）のなかから興味・関心に応じて大学を選んだというよりは，たまたま高校までの受験勉強がよくできたので，学力（偏差値）ランキング上位の大学を上から順番に受験したという入学者が少なからず含まれている大学である。「やりたいこと」より「学力ランキング」を指標として進学先の大学を選択した学生は，どのように就職先の企業を選択するのだろうか。やはり，大学選択のときと同じように「やりたいこと」ではなく「知名度／給与ランキング」で選択してしまうおそれがあるだろう。

　キャリアセンターもなく私立大学のように就職支援が充実していない研究重視の大学においてこそ，就職難の現実や就活スキルを学生に伝える必要がある。しかし，研究重視の大学においては就職支援を全面に出した授業科目を開設することが

表 1-1　学部学生数 (2018 年 5 月 1 日時点)[1]

学部名	収容定員	在学者数	男子	女子
文学部	660	778	329	449
人間科学部	568	657	288	369
外国語学部	2,340	2,916	1,089	1,827
法学部	1,020	1,093	678	415
経済学部	900	1,010	755	255
理学部	1,020	1,170	890	280
医学部	1,330	1,349	710	639
歯学部	318	333	171	162
薬学部	370	396	240	156
工学部	3,280	3,719	3,294	425
基礎工学部	1,740	1,937	1,748	189
計	13,546	15,358	10,192	5,166

　難しいというジレンマも抱えている。研究重視の大学のプライドもあり，「大学は学問・研究をするところであって就職予備校ではない」という正論から「旧帝国大学はほかの地方国立大学や私立大学とは違う」というやや傲慢な考えまでを含めて，大学全体において「就職支援」という単語自体が忌避されているような節があり，明らかな就職支援がわざわざ「キャリア支援」と言い換えられることさえあるのが実情である。

　大阪大学の卒業生の就職率はけっして悪くないが，卒業生の 6% 程度は卒業後に進学も就職もしていない状態である（表 1-2）。この 6% という割合は小さい値にみえるが，学部卒業生全体の人数が多いので，実数だと約 200 名になる。卒業生の追跡調査を実施していないので何ともいえないが，たとえ大阪大学に入学したとしても数百名は卒業後に進学も就職もしていないという状況をどのようにとらえればよいのだろうか。研究重視の大学である大阪大学において，よくも悪くも大半の教員は学生の就職よりも自身の研究に目を向けているため，毎年数百人の進路未決定者を輩出していることを深刻に考えている教員は少ないように感じられる。もしかし

---

1) 大阪大学ウェブサイト〈https://www.osaka-u.ac.jp/ja/guide/about/data/students.html （最終確認日：2019 年 5 月 27 日）〉を参考に作成。

表 1-2　学部卒業生（2016年度卒）進路状況[2]

学部名	卒業者	進学者(大学院)	就職者				臨床研修医	その他
			企業等	公務員	教員	計		
文学部	181	43	90	23	10	123	0	15
人間科学部	147	24	89	18	1	108	0	15
外国語学部	604	37	453	39	10	502	0	65
法学部	269	58	150	34	1	185	0	26
経済学部	241	18	180	14	0	194	0	29
理学部	262	212	24	1	9	34	0	16
医学部（医学科）	109	1	0	0	0	0	105	3
医学部（保健学科）	173	58	97	13	0	110	0	5
歯学部	62	0	0	0	0	0	54	8
薬学部	80	55	21	1	1	23	0	2
工学部	838	727	74	8	0	82	0	29
基礎工学部	447	368	70	3	0	73	0	6
計	3,413	1,601	1,248	154	32	1,434	159	219
割合		47%				42%	5%	6%

たら気がついてすらいないのかもしれない。

第 3 節　授業開設の背景

　そのような研究重視の大学においてもキャリア教育の授業が開設されたのは，2011年4月から施行された大学設置基準の改正（第42条の2の新設），いわゆる「キャリア教育／キャリアガイダンスの義務化」が契機であった。大学設置基準に「教育課程の実施」という文言があらたに入ったことによって全国の大学でキャリア教育科目の開設が進み，また，「大学内の組織間の有機的な連携を図った適切な体制を整える」という文言があらたに加わったことによって全国の大学でキャリアセンターの設置が進んだといわれている。大阪大学も例外なく大学設置基準の改正に対応するために学内で動きがあった。キャリアセンターのような組織は設置されなかったが，キャリア形成教育検討ワーキング・グループが設置され，全学的なキャリア

---

[2] 大阪大学ウェブサイト〈https://www.osaka-u.ac.jp/ja/guide/career/data（最終確認日：2019年5月27日）〉を参考に作成。

形成教育の整備充実などについての対応を検討することになった。2015年度に大学評価・学位授与機構による大学機関別認証評価の受審があり，キャリア形成教育科目を開設するなどの組織的・体系的なキャリア形成教育の実施が評価項目の一つとなっていたことも後押しとなった。このような経緯のなか，地方国立大学のキャリアセンターでさまざまなキャリア教育科目を担当した経験がある筆者が大阪大学に着任したこともあり，2014年度から「現代キャリアデザイン論」が新規開講されることになった。

第4節　カリキュラム上の位置づけ

「現代キャリアデザイン論」のカリキュラム上の位置づけとしては，大阪大学の教養教育におけるキャリア教育となる。大阪大学の科目体系でいうと，まず「全学共通教育科目」に分類される。さらにそのなかの「共通教育系科目」における「教養教育科目」のうち「先端教養科目」に位置づけられている（表1-3）。

全学共通教育科目に分類されることから，対象学部は全学部，対象学年は全学年となっている。すなわち，すべての学部学生が対象となっている。

大阪大学は2016年度までセメスター制（第1学期と第2学期）であったため，本授

表1-3　「現代キャリアデザイン論」のカリキュラム上の位置づけ

全学共通教育科目	共通教育系科目	教養教育科目	基礎教養科目	基礎教養1
				基礎教養2
				基礎教養3
			現代教養科目	
			先端教養科目	
		国際教養科目	国際教養1	
			国際教養2	
	言語・情報教育科目	外国語教育科目	第1外国語	大学英語
				実践英語・専門英語
				総合英語
			第2外国語	
			選択外国語	
		情報処理教育科目		
	基礎セミナー			
	健康・スポーツ教育科目			
専門教育系科目	専門基礎教育科目			

業は2014年度から2016年度までは第2学期の水曜第2時限（10:30-12:00）に全15回の授業として開講されていた。2015年度に大学評価・学位授与機構の大学機関別認証評価が控えていたので2014年度中に新規開講する必要があったが，2014年度から開講に向けた検討が行われたため，第1学期には間に合わず，第2学期に新規開講することになったという経緯がある。

授業規模は年々拡大しており，初年度（2014年度）は履修登録者100名であったが，翌年（2015年度）からは履修登録者200名（教室定員）に達するようになった。当初からすべての学部の1年生が通う豊中キャンパスにおける最大の教室（大講義室）での開講であったが，3年目（2016年度）には教室定員200名に対して希望者合計が660名に達し，第1希望でも150名以上が抽選漏れとなる事態となった。抽選漏れとなった多くの学生から嘆願があったため，2017年度からは年2回開講することになった。ただし，GPA（Grade Point Average）制度を導入しているため，途中で履修を取り消す学生もおり，実際には教室定員の200名より少ない人数が最終的な受講者数（成績評価対象者数）となっている（表1-4）。

「現代キャリアデザイン論」は全学部・全学年を対象とした授業であるが，ほかの科目と連動するカリキュラム構成にはなっていない。キャリアをメインに扱ってはいないがキャリアに関連するほかの科目（キャリア形成教育科目群）や専門教育科目との連動・接続は今後の課題である。

「現代キャリアデザイン論」の担当教員は筆者一人であり，ほかの教員とミーティングなどは実施していない。その代わり，大学院生のTA（ティーチング・アシスタント）2名が配置されており，彼らから授業運営に関するフィードバックをもらったり，彼らと授業運営に関するディスカッションをしたりすることがある。TAの業務は基本的には資料印刷や機器設置準備，授業中における学生の着席誘導やグループディスカッションの促進，クリッカーの配布と回収，提出物やデータの整理などである。

表1-4 「現代キャリアデザイン論」の受講希望者の推移

抽選年度	第1希望者数	第2希望者数	第3希望者数	希望者数合計	最終的な受講者数
2014年度	100名	214名	0名	314名	154名
2015年度	184名	142名	131名	457名	189名
2016年度	363名	297名	0名	660名	188名

第5節　授業のねらい

　授業の目的は，受講生がグローバル化する現代社会を生き抜くために「今」必要なことを考えて行動する力を養い，大学での学びを今後の進路・職業選択や人生設計に活かせるようになってもらうことである。キャリアデザインの考え方や理論を理解し，進路・職業選択の方法を学び，また，就職状況に関するデータを知り，業界研究の方法を身につけ，さまざまな生き方・働き方を事例から学ぶことで，社会的・職業的に自立するために必要な力（知識・技能・態度）や大学での学び方を身につけてもらうことをねらいとしている。

　授業の裏目的として，受講生が学内の人脈を増やすこともねらいとしている。総合大学であるにもかかわらず，他学部や他学年と交流する機会がある授業は意外と少ない。「現代キャリアデザイン論」は全学部・全学年を対象とした授業であり，受講者数も多いので，ペアワークやグループワークを多めにすることで，学部や学年を超えて交友関係を広げてもらうことをねらいとしている。毎回異なる相手と4人一組で着席しておくように指示し，1分自己紹介や前回の授業の振り返りをさせることで，毎回3名と知り合いになれる仕組みになっている。気になったニュースやお気に入りの作品を紹介したり，授業の感想を共有したりすることをとおして，人それぞれ多様な価値観・考え方・感じ方をもっていることにも気づいてもらい，ダイバーシティや共生に関するマインドの涵養が促進されることも期待している。

表1-5　授業の概要，目的，達成目標

科目名／Title	現代キャリアデザイン論／Career Design
サブタイトル	複雑化する時代のサバイバル術
単位数	2
授業回数	15回
対象	全学部・全学年
授業の目的	グローバル化する現代社会を生き抜くために「今」必要なことを考えて行動する力を養い，大学での学びを今後の進路・職業選択や人生設計に活かせるようになってもらうことが目的です。キャリアデザインの考え方や理論を理解し，進路・職業選択の方法を学びます。また，就職状況に関するデータを知り，業界研究の方法を身につけ，様々な生き方・働き方を事例から学びます。これらを通じて，社会的・職業的に自立するために必要な力（知識・技能・態度）や大学での学び方を身につけてもらうことを目標とします。
到達目標	1. キャリアに関する理論について代表的なものを3つあげて説明できる。（知識） 2. 現代の就職状況について具体的な数字やデータに基づいて説明できる。（知識） 3. 自分のキャリアデザインについて図や文字，言葉を使って説明できる。（技能・態度） 4. 大学での学びを自らのキャリア（生き方・働き方）と関連づけることができる（技能・態度） 5. 節目ごとに自分の人生（キャリア）について設計（デザイン）し続けていくことができる。（態度）

授業の到達目標は五つ設定している。第一にキャリアに関する理論についての知識，第二に就職の現状に関する知識，第三にキャリアの表現技法，第四に大学での学びをキャリアに位置づける考え方，第五にキャリアと対峙する態度の修得である。シラバスでは学生を主語とした「〜できる」の文章で記述し（佐藤，2010），「知識・技能・態度」のうちどれに該当するかも明記している（表1-5）。

第6節　授業内容や授業構成

全15回の主な授業内容は，「イントロダクション」（第1回），「現状確認」（第2回と第3回），「キャリアに関する諸理論」（第4回と第5回），「キャリアを表現する技法」（第6回〜第8回），「中間まとめ」（第9回），「白熱教室」（第10回〜第12回），「ケーススタディ」（第13回と第14回），「総括」（第15回）という八つのパートから構成されている（表1-6）。

ほかにキャリア教育科目がないため，インプット（知識・理解の修得）とアウトプット（技能・態度の修得）のバランスを考慮し，さらに理論と実践（現場）のバランスも考慮した。インプットにおいては「理論家から学ぶ」「専門家から学ぶ」「社会人から学ぶ」という三つのパートを各2回準備し，アウトプットにおいては「自己との対話」「他者との対話」という二つのパートを各3回準備した。最初と中間と最後に

表1-6　「現代キャリアデザイン論」（全15回）の内容

講義内容	1. イントロダクション（キャリアの意味，今なぜキャリア教育が必要とされているのか） 2. 現状確認1：社会が求める人材とは（歴史的経緯，グローバル人材，多様な意見，本音と建前） 3. 現状確認2：大学における支援体制（阪大と国内外の大学における就職状況と支援体制） 4. キャリアに関する諸理論1（ドナルド・スーパー，ジョン・ホランド） 5. キャリアに関する諸理論2（エドガー・シャイン，ジョン・クランボルツ，サニー・ハンセンほか） 6. キャリアを表現する技法1（20答法による自己分析） 7. キャリアを表現する技法2（自己物語法：キャリアの言語化） 8. キャリアを表現する技法3（人生双六法：キャリアの視覚化） 9. 中間まとめ（キャリアと大学での学び） 10. 白熱教室1：ワーク・ライフ・バランス（仕事と家庭，残業や育休の実態，過労死，プア充） 11. 白熱教室2：男性と女性のキャリア（キャリアと性，ポジティブ・アクションの実態，出世と子育て） 12. 白熱教室3：雇用制度（終身雇用と年功序列，日本と海外の雇用システム，転職と生涯賃金） 13. ケーススタディ（先輩に学ぶ）1：大阪大学における学び方 14. ケーススタディ（先輩に学ぶ）2：現代社会における働き方・生き方 15. 総括（まとめ，学部専門別のキャリア教育に向けて） ※あくまでも計画であり場合によって変更になる可能性もあります。

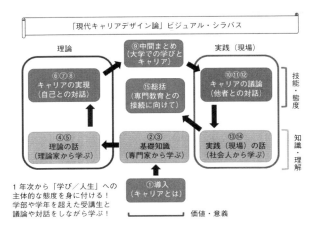

図 1-1 「現代キャリアデザイン論」ビジュアル・シラバス

1回ずつ授業の意義や学ぶ内容の価値を丁寧に説明する回を準備した。全15回の内容を構造化して視覚的に図示化したものがビジュアル・シラバスである（図1-1）。

主な授業実施形式（授業スタイル）は，講義と演習の混合型である。大講義室での大人数授業なので90分ずっと一方的に講義をするような授業は避け，なるべく演習を中心としたアクティブラーニング型授業（溝上，2018）になるようさまざまなICTツールを活用して工夫を重ねている。

たとえば，iPadのアプリである「プレゼンタイマー」[3]や「見えるプレゼンタイマー」[4]を使うことで時間を意識した発表の機会を設けている（図1-2，図1-3）。また，毎回の授業の振り返り（省察）は紙媒体のミニッツペーパーに書かせるのではなく「REAS」（リアルタイム評価支援システム）[5]というWeb調査票から入力させて

---

3) https://dotapps.jp/products/org-tmurakam-presentationTimer（最終確認日：2019年6月11日）

4) 「見えるプレゼンタイマー」は中高生を対象としたアプリ開発コンテスト「アプリ甲子園2012」の優勝アプリ〈https://dotapps.jp/products/MoeSunami-Presentation-Timer（最終確認日：2019年6月11日）〉。ただし最新版のiOSには未対応で現在は配信が停止されている。最近は「Circle Time Table」〈https://itunes.apple.com/jp/app/circletimetable/id1451567725（最終確認日：2019年6月11日）〉というアプリを使用している。

5) REAS（リアルタイム評価支援システム）〈https://reas3.ouj.ac.jp/（最終確認日：2019年6月11日）〉

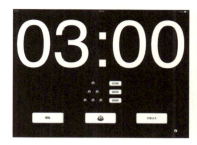

図1-2　プレゼンタイマー　　　　　　　図1-3　見えるプレゼンタイマー

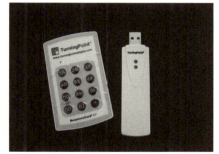

図1-4　REAS　　　　　　　　　　　　図1-5　クリッカー
（リアルタイム評価支援システム）

オンライン上でほかの受講生と共有させている（図1-4）。キャリア白熱教室の回では瞬時に回答を集計できるクリッカー[6]を導入している（図1-5）。さらに，2016年度からは「ロイロノート・スクール」[7]という双方向授業を支援するアプリを使う

---

6) カード型端末は配布・回収がたいへんなので最近はアプリを使用している。スマートフォンにインストールできない学生のために貸出用iPadを複数台用意している。クリッカー〈http://www.keepad.com/jp/turningpoint.php（最終確認日：2019年6月11日）〉とMentimeter〈https://www.mentimeter.com/（最終確認日：2019年6月11日）〉を併用している。
7) ロイロノート・スクール〈https://n.loilo.tv/ja/（最終確認日：2019年6月11日）〉

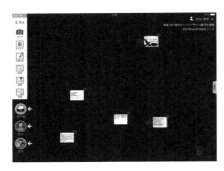 

図1-6　ロイロノート・スクール　　　　図1-7　ロイロノート・スクール
　　　（資料の送受信）　　　　　　　　　　（顔写真での出欠確認）

ことで，学生と資料をやり取りしたり学生の顔を覚えたり学生同士の交流促進に活用したりしている（図1-6，図1-7）。

　特定の教科書は使用せず，毎回プリントを配布している。参考書として，専門書や中教審答申なども含め各テーマに応じた参考文献を適宜紹介している。

第7節　評価方法

　成績評価は，レポート（30％），授業における課題の提出（40％），期末試験（30％），としている。

　レポートは，ミニッツペーパー（学びや気づき，疑問・質問・改善要望など授業に関するリフレクション）全15回分であり，毎回の授業後（次回の授業まで）に提出する（図1-8）。当初は「私のキャリアデザイン」と題したレポートを学期末に提出させていたが，受講者が200名近いので毎回の授業の振り返りを重視する仕方に途中から変更した。受講生は毎回以下の4点を紙に記入した後，翌週までにWebから提出するよう求められる。

---

①今日の授業で「学んだこと」や「気づいたこと」
②今日の授業で「疑問に思ったこと」や「もっと知りたいこと」
③授業で改善して欲しい点（任意）
④教員へのコメントや要望など（任意）

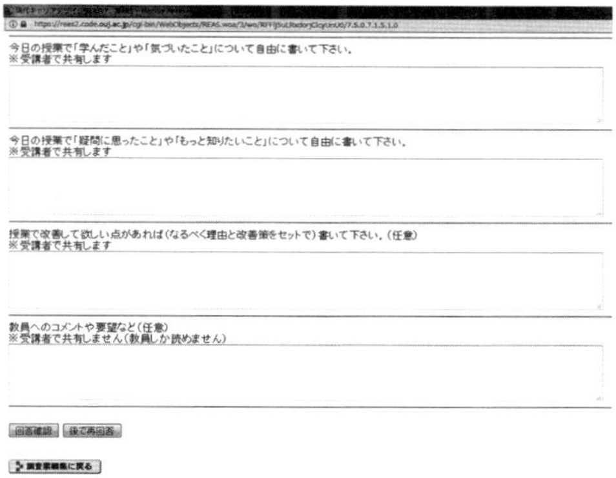
今日の授業で「学んだこと」や「気づいたこと」について自由に書いて下さい。
※受講者で共有します

今日の授業で「疑問に思ったこと」や「もっと知りたいこと」について自由に書いて下さい。
※受講者で共有します

授業で改善して欲しい点があれば（なるべく理由と改善策をセットで）書いて下さい。（任意）
※受講者で共有します

教員へのコメントや要望など（任意）
※受講者で共有しません（教員しか読めません）

回答確認　後で再回答

図 1-8　ミニッツペーパーの提出フォーム（一部）

①－③は受講生と共有するが④は共有せず教員しか見ることができないように設定している。REASを使ってWebから提出させるようにしたことで，毎回の記述量（文字数）や平均字数も算出できるようになっている。

授業における課題は，人生双六（生まれてから死ぬまでの自分の人生を双六形式で表現したもの，A3用紙1枚分に描いてもらっている）であり，授業の折り返し地点にあたる第8回目に提出する。相互鑑賞して大賞とユニーク賞の選出を行うグループワークを行う一方，評価用ルーブリックを開発して記述量や視覚的工夫など多角的に評価できるようにしている（図1-9）。また，人生双六の解説書として以下の4点を記入してもらい，自分自身でも作品を見て省察を深めてもらうことができるようになっている。

①どういうことを意識して作成したのか？（コンセプトは？）
②アピール・ポイント（工夫したところは？）
③ピックアップ・エピソード（自分をよく表す／自分の人生に大きな影響を与えたマスは？）
④作成してみての感想

期末試験（確認テスト）は，全15回の終了後に実施する。当初は紙の問題用紙・解答用紙を配布・回収して採点していたが，近年はREASのテスト機能を利用して実施している。試験をeラーニング教材化することによって採点側は集計が楽に

第1部　教養・総合科目型キャリア教育科目

評価項目	項目評価のポイント	なし(0点)	微妙(0.5点)	あり(1点)	秀逸(1.5点)
基礎情報	①マスの数（全部で何マスか？）	少ない	やや少ない	平均的	平均より相当多い
	②記述の数（文字が書かれているマスの数）	少ない	やや少ない	平均的	平均より相当多い
	③記述割合（記述のあるマスの割合）	少ない	やや少ない	平均的	平均より相当多い
記述内容	④「記述の具体性」（記述は単語＝ライフイベントか，文章＝エピソードか）	具体的ではない	やや具体的	具体的	かなり具体的
	⑤「記述の分散性」（過去と未来で記述量に偏りがないか）	偏っている	やや偏っている	偏りなく適切	満遍ない記述
	⑥「記述の主観性」（記述に感情や評価が含まれているか）	感情・評価全くない	感情・評価少しあり	感情・評価あり	深い洞察が感じられる
視覚的工夫	⑦「色」（カラフルか，モノクロか）」	全くない	あるけど微妙	ある	創意工夫が感じられる
	⑧「イラスト」（絵やイラストがあるか）	全くない	あるけど微妙	ある	創意工夫が感じられる
	⑨「形」（マスや全体の形に工夫があるか）	全くない	あるけど微妙	ある	創意工夫が感じられる
ゲーム的要素	⑩「分岐」（分岐や選択があるか）	全くない	あるけど微妙	ある	創意工夫が感じられる
	⑪「進度」（進む，戻る，があるか）	全くない	あるけど微妙	ある	創意工夫が感じられる
	⑫「特殊ルール」（強制ストップ，一回休み，ポイント獲得などの工夫があるか）	全くない	あるけど微妙	ある	創意工夫が感じられる
全体テーマ	⑬「全体テーマ」（全体を通してコンセプトやモチーフがあるか）	ない	あるけど微妙	ある	創意工夫が感じられる

図 1-9　人生双六のルーブリック

現代キャリアデザイン論2017試験

5～9/34

[Q1]
ドナルド・スーパーの理論に関するキーワードを選びなさい。
○ キャリア・アンカー
○ ライフ・キャリア・レインボー
○ プランド・ハプンスタンス（計画された偶発性）理論
○ 六角形モデル（RIASEC）
○ ILP（Integrative Life Planninng）理論

[Q2]
ジョン・ホランドの理論に関するキーワードを選びなさい。
○ キャリア・アンカー
○ ライフ・キャリア・レインボー
○ プランド・ハプンスタンス（計画された偶発性）理論
○ 六角形モデル（RIASEC）
○ ILP（Integrative Life Planninng）理論

[Q11]
キャリアの語源は，轍（わだち）と言われている。轍とは，馬車が通ったあとにできる車輪の跡のことである。

○ 正しい
○ 正しくない

[Q12]
キャリアには2つの意味がある。それは，ライフ・キャリア（人生）とワーク・キャリア（職歴）である。

○ 正しい
○ 正しくない

図 1-10　オンライン試験の解答フォーム（一部抜粋）

なるだけでなく，受験側は即座に正答数や間違えた箇所の確認ができるようになっている（図1-10）。

また，授業中の発言など積極的な参加態度には加点し，課題提出の遅れなどには減点するなど，微調整も行なっている。

各種データはExcelファイルで管理されており，最終的にはAccessで結合されて一つの統合データとなる。

第8節　効果検証

「授業を通じて期待される効果」を三つあげ，それぞれの「A. 効果検証のための測定対象」「B. 測定の指標」「C. 測定の手続き」「D. 測定の結果・概要」「E. 測定結果からみた教育的効果と課題」を簡潔に示す。各項目の①‒③は「授業を通じて期待される効果」の①‒③と対応している。

●授業を通じて期待される効果	
①キャリア理論に関する知識が身につく	【知識の定着】
②キャリアについて表現するスキルが身につく	【技能の獲得】
③人生や大学生活に対する主体的な態度が身につく	【態度の変容】
A. 効果検証のための測定対象	
①最後の確認テスト	【知識の定着度を確認するためのツール】
②複数の提出課題	【技能の獲得度を確認するためのツール】
③毎回のミニッツペーパー	【態度の変容度を確認するためのツール】
B. 測定の指標　※②については複数あるのでここでは一例を示す	
①確認テスト（択一問題や正誤問題）の正答数	【量のみ】
②提出課題（「私は____です」の記入）の記入数と記入内容	【量と質】
③ミニッツペーパー（自由記述）の記述量と記述内容	【量と質】
C. 測定の手続き　※②については同上	
①学期末に確認テストを実施　→　採点	【最終回】
②該当回の授業後に結果のWeb提出　→　集計・分析	【特定回】
③毎回の授業後にミニッツペーパーのWeb提出　→　集計・分析	【毎　回】
D. 測定の結果・概要　※②については同上	
①確認テスト（30点満点）の平均点は約27点	【知識の定着：9割】
②自分を表現する語彙と自己分析の視点が増加	【技能の獲得：倍増】
③自由記述は回を追うごとに量・質ともに向上	【態度の変容：示唆】
E. 測定結果からみた教育的効果と課題　※②については同上	

・結　　論：いずれにおいても一定の教育的効果がみられたが，課題も残された。

・判断の根拠
①5人の理論家のキーワードを覚えたという点で（表 1-7）
②自己表現の語彙と自己分析の視点が増えたという点で（表 1-8）
③回を追うごとに自由記述の量と質が向上したという点で（表 1-9）

●今後の課題
①確認テストの難易度の調整
②個人差の分析とその対応策の検討，有意差の検定など厳密な効果検証
③詳細なデータ分析，態度の変容を測定する方法の開発

　効果検証の詳細は別の機会に譲るとして，ここでは上記①−③（授業を通じて期待される効果）それぞれの A–E（効果検証のための測定対象，測定の指標，測定の手続き，測定結果・概要，測定結果からみた教育的効果と課題）について簡単に要約しておく。

　授業を通じて期待される効果は複数あるが，ここでは「知識の定着」「技能の獲得」「態度の変容」の三つに分け，それぞれ一つずつ紹介する。これらはシラバスに書かれた到達目標（表 1-5 ☞ p.10）の「1. キャリアに関する理論について代表的なものを3つ以上あげて説明できる（知識）」「3. 自分のキャリアデザインについて図や文字，言葉を使って表現できる（技能・態度）」「4. 大学での学びを自らのキャリア（生き方・働き方）と関連づけることができる（技能・態度）」とゆるやかに対応している。

　第一に，「キャリア理論に関する知識が身につく」ことが授業を通じて期待される効果としてあげられる。「知識の定着」という効果を検証するために，「確認テスト」を実施している。具体的には，授業で扱ったドナルド・スーパー，ジョン・ホランド，ジョン・クランボルツ，エドガー・シャイン，サニー・ハンセンの5人のキャリア理論についてエッセンスやキーワードを問う再認テスト（択一問題，正誤問題）を期末試験という位置づけで実施している。当初は全15回の授業終了後（16回目の試験実施日）に教室で受験させており，問題用紙と解答用紙を配布・回収して採点していた。しかし，受講者数が約200名に増えた2015年度からは授業時間外でのオンライン受験の形態に変更し，さらに REAS のテスト機能を使った自動採点と結果・解説の即時フィードバックを導入することで，配布・回収と採点・解説の手間を省力化している。REAS を使うと開始時間と終了時間が記録されるので受験した時間帯や受験に要した時間も集計可能になっている。知識の定着を確認するテストの結果をみると，30点満点で平均27点なので，少なくとも授業で扱ったキャリア理論については理論家と代表的なキーワードをセットで覚えていることがわ

表1-7 確認テストの平均点

	確認テスト（30点満点）の平均点
2014年度	29.0
2015年度	27.1
2016年度	24.4
2017年度	27.0
各年度の平均	26.9

表1-8 記入数の平均値の変化

	最初の記入数	最終的な記入数	差（増加数）
属　性	6.4	12.1	5.8
内　面	4.3	10.4	6.1
外　見	1.5	10.4	8.9
その他	1.4	3.3	1.9
合　計	13.4	35.8	22.4

表1-9 自由記述の量的・質的な変化

●授業で「学んだこと」や「気づいたこと」について自由に書いてください。		第2回	第15回	差（増加分）
記述量	入力文字数の平均	115.1文字	246.6文字	131.5文字
記述内容	「〜たいと思う」「〜しようと思う」など今後の態度変容を示唆する意思・積極的な表現を含む割合	19.9%	46.5%	26.6%

かる。5人の理論家のキーワードを覚えたという点で，「キャリア理論に関する知識が身につく」という知識の定着については，一定の効果がみられたと判断することができるだろう。一方で，現状では択一問題や正誤問題という非常に単純な確認テスト（暗記しているかどうかの確認）でしかないため，記述問題や応用問題などの形式による確認テスト（理解しているのかの確認）も必要である。自動採点と自動フィードバックのシステムが使える前提で考えると，問題の種類が制限されてしまうかもしれないので，試験システムの選定・開発と試験問題の難易度の調整は今後の課題である。

　第二に，「キャリアについて表現するスキルが身につく」ことが授業を通じて期待される効果としてあげられる。「技能の獲得」という効果を検証するために，「複数の課題」を実施している。具体的には，「価値分析」（60のキーワードのなかから自分にとって重要なものを五つ選び，その単語をすべて使って自分の望む生き方・働き方を文章化し，グループで発表・共有することをとおして，自分のキャリアについて考えるワーク），「自己物語」（過去の各ライフステージで印象に残っているエピソードを想起しながら自分という物語を他者に語り，さらには将来も展望し，自らのキャリアを語り直すワ

ーク）（榎本, 2008），「人生双六」（生まれてから死ぬまでの自分の人生を双六形式で描き，グループで発表・共有することをとおして，自分のキャリアの過去・現在・未来について考えるワーク）（吉川, 2009）など授業のなかでさまざまなワークを実施している（家島, 2011）。次節で詳述する第6回では，20答法による自己分析として「私は＿＿です」という文章の空欄を埋めるワークを実施し，書いたものを「属性」「内面」「外見」「その他」という四つの観点から分類して自分を表現する際の視点に偏りがないか確認させている。記入数と記入内容を確認すると，結果として，授業を通じて各観点からの記入数が増加したことがわかる。自己表現の語彙と自己分析の視点が増えたという点で，「キャリアについて表現するスキルが身につく」という技能の獲得については，一定の効果がみられたと判断することができるだろう。一方で，記入数は学生の語彙力（ボキャブラリー）によるという可能性，グループワークで記入数が増えるかどうかはグループのメンバーによるという問題もあるため，個人差の分析や，その対応策の検討が必要である。詳細な分析は今後の課題である。また，有意差の検定など数値の変動に関して統計的に詳細・丁寧に分析していくことも今後の課題である。

　第三に，「人生や大学生活に対する主体的な態度が身につく」ことが授業を通じて期待される効果としてあげられる。「態度の変容」という効果を検証するために，毎回の授業後に「ミニッツペーパー」を提出させている。とくに最終回では，「授業全体（全15回）での学び・気づき」を省察させるだけではなく，「担当教員がこの授業で伝えたかったことは？」「この授業で学んだこと，得たものを簡潔に言うと？」という項目も追加して授業での学びを省察させている。REASで提出させた自由記述データを使って，毎回の記述量（文字数）を計算した結果，記述量が徐々に増えていくことが確認された。また，記述内容をテキストマイニングした結果，「～していきたい」「しようと思う」といった意志・願望・積極的態度を示唆する動詞が確認された。回を追うごとに自由記述の量と質が向上したという点で，「人生や大学生活に対する主体的な態度が身につく」という態度の変容については，一定の効果がみられたと判断することができるだろう。一方で，文章のスタイルには個人差があり，記述量（文字数）だけで学びの深さは測定しがたい（まして態度の変容は文字数から推測しがたい）。また，テキストマイニングの結果についても，受講生が担当教員の喜びそうな言葉を並べただけの可能性もある。授業期間内に行動変容を促し，達成度の自己評価を報告させるといった仕掛けも必要かもしれない。自由記述データの詳細な分析や態度の変容を測定するための工夫については今後の課題である。

第 9 節　第 6 回の授業の詳細

■ 9-1　この回の目的と位置づけ

本節で紹介する第 6 回「キャリアを表現する技法 1」（20 答法による自己分析）は，自己理解の方法と重要性を体験的に学ぶことを目的としている。ビジュアル・シラバス（図 1-1 ☞ p.12）で示したように，全 15 回のなかでの位置づけとしては，第 5 回までつづいたインプット（知識獲得）中心のパートを終えて，これからアウトプット（対話）中心のパートに入るというタイミングである。ここから計 3 回つづく「キャリアを表現する技法」シリーズの第 1 弾である。

具体的には，「私は＿＿＿です」という文章を 20 個完成させる 20 答法（Twenty Statements Test）を自己分析ワークとして取り入れている。文章を記入させるプロセスも 4 段階準備しており，複数回のワークをとおして段階的に記入した数や種類が増えていくように設計している。最初は偏った種類で少ししか記入できなかったのが，知識の獲得や他者との協働をとおして，さまざまな観点からバランスよく多数の記入ができるようになることで，知識や他者との協働の重要性を体験的に学んでもらうという授業設計である。

■ 9-2　授業の流れ

おおまかな授業の流れを授業計画書（表 1-10）にまとめた。授業計画書に書かれている時間はあくまでも目安であり，受講者数やワークの進捗状況に応じて臨機応変に変更・調整するものである。以下に，各パートを詳説していく。

1）冒頭ワーク（約 10 分）

第 6 回に限らず，この授業では冒頭 10 分を使って受講生に 1 分間スピーチと授業の振り返りを課している。あらかじめ，授業が始まる前から学部・学年・性別などが異なる 4 人一組で着席しておくよう指示しておく。そして，授業開始のチャイムが鳴ると同時に授業をスタートさせ，10 分間はグループワークに集中させる。その際，指定時間が過ぎたらベルが鳴るように設定した「見えるプレゼンタイマー」（図 1-3 ☞ p.13）をスクリーンに投影しておき，受講生が時間をきっちり守ってグループワークに集中して取り組めるような仕掛けをしておく。

異なる属性の他者 3 名とグループ（4 人一組）になった受講生は，まず一人ずつ 1 分間で自己紹介をしていく（1 分×4 人＝ 4 分）。次に「自分の人生に影響を与えた

第1部　教養・総合科目型キャリア教育科目

表 1-10　第 6 回の授業計画書

授業題目	現代キャリアデザイン論
回・テーマ	第 6 回　キャリアを表現する技法 1（20 答法による自己分析）
到達目標	①自己理解の方法を身につける（20 答法／Twenty Statements Test を体験する） ②自己理解の重要性を理解する（自己理解は他者理解にも通じていることを体感する）

時間（目安）		項目	内容	使用するツール
2 分	0：00-0：02	準備	配布資料やワーク内容を確認してもらう。	
10 分	0：02-0：12	冒頭ワーク	自己紹介（1 分×4 人＝4 分） 本の紹介（1 分×4 人＝4 分） 前回の授業の振り返り（2 分）	見えるプレゼンタイマー
8 分	0：12-0：20	前回の復習 今回の概要説明	全員の前で発表してもらう（1 分×2 人） 前回の復習（学んでもらいたかったこと） 今回の概要説明（学んでもらいたいこと）	プレゼンタイマー
15 分	0：20-0：35	自己分析ワーク 1	「私は＿＿＿です」に記入してもらう。 記入したものを分類してもらう。	プレゼンタイマー
10 分	0：35-0：45	ミニ講義	自己理解の難しさと大切さ，自己理解と他者理解の関係と重要性を理解してもらう。	
15 分	0：45-0：60	自己分析ワーク 2	分類を考慮して「私は＿＿＿です」に加筆する。 記入・加筆した「私は＿＿＿です」を相互参照する。	見えるプレゼンタイマー
15 分	0：60-0：75	自己分析ワーク 3	他者に「私は＿＿＿です」を記入してもらう。 他者の「私は＿＿＿です」に記入する。	見えるプレゼンタイマー
5 分	0：75-0：80	省察	自己理解のプロセスを振り返る	
5 分	0：80-0：85	総括	今回のワークの狙いについて説明する。	
5 分	0：85-0：90	次回予告	次回予告の動画を再生する。	
90 分				

本」を一人ずつ 1 分間で紹介していく（1 分×4 人＝4 分）。最後に全員で前回の授業の振り返りを行う（全員で 2 分）。

　ちなみに，自己紹介の 1 分間スピーチは慣れてきた頃からハードルを上げて 30 秒スピーチになる。また，自己紹介の次の 1 分間スピーチはマンネリ化を防ぐために「最近の気になったニュース」から始まって「人生に影響を受けた本」「オススメの映像作品」「便利アプリ」と次第にテーマが変わっていくという工夫をしている。前回の授業の振り返りは最初 4 分だが徐々に減らして途中から 2 分にしている。

2）前回の復習と今回の概要説明（約 8 分）
　その後，教員による前回の振り返りを行う前に，2 グループほどランダムにあてて，受講者全員の前で「前回の授業で何をしたか，何を学んだか」を 1 分間で要約して発表させる。なお，この授業では発表が終わったら必ず全員で拍手をするよう

にルールを決めておき，発表者に小さな報酬を与えることで全員の前で発表することに対する心理的な抵抗を下げるような仕掛けをしていることも付記しておく。学生の発表後に教員が前回の授業の復習（学んでほしかったポイント）と今回の授業の概要（学んでほしいポイント）について簡潔に解説する。

3）自己分析ワーク1（約15分）

本日の内容について教員から簡潔に説明した後，さっそくワークに入っていく。まずは個人で「私は＿＿＿です」という文章を5分以内に20個完成させるように伝える。5分で20個の文章を完成させることができる学生は，ほとんどいない。そこで，状況を見ながら必要に応じて時間延長も行いつつ，第2ステージに入っていく。第2ステージでは「私は＿＿＿です」の空欄に入れた単語をカテゴリー分けしていく。その際，「属性」「内面」「外見」「その他（分類不明）」に分類させ，それぞれの出現度数および出現比率についても計算させる。

4）ミニ講義（約10分）

個人ワーク後，教員から簡単な解説を行う。具体的には「自分のことは自分が一番よく知っているようで意外と知らないことも多い。20年近く生きてきたにもかかわらず，たった20個の文章も埋められない人が少なくない。自分のことを知るのは自己分析の第一歩である。就職活動はもちろん，自分の将来の生き方・働き方（すなわちキャリア）を考えるうえで，自己分析は必須である」といったキャリアデザインにおける自己分析の重要性を解説する。また，「書いたものを分類してみて，属性・内面・外見のどれかに偏っていた人は，自分を見るときの視点が偏っているということになる。また，自分を見る目は他人を見る目でもあるため，自分のことを属性ばかりで表現していて内面や外見で表現していなかった人は，他人のことも属性で見ていて内面や外見に目を向けていないかもしれない。自分のことも他人のことも偏った視点ではなく多角的な視点で見てあげましょう」といった他者理解・自己理解における多角的視点の重要性を解説する。

5）自己分析ワーク2（約15分）

教員による簡単な解説後，「属性」「内面」「外見」のバランスに気をつけて「私は＿＿＿です」を加筆する個人ワークを行う。その際，分類の枠組みを知ってから書き足したものがわかるように，ペンの色を変えてもらっておく。

受講生の手の動きを見つつ時間は調整するが，個人ワークの数分後には再びグループワークを行う。互いのシートを回覧したり見せ合ったりして，互いにどのような記入例があるのかを知り，「私は＿＿＿です」で自分を表現するための単語数（ボキャブラリーやバリエーション）を増やしてもらうことが目的である。自分が気づいていなかった観察視点を他者の記述内容から学ぶように指示をしておく。その際，書いたものはグループワークで共有することを事前に告知して，知られたくないことや書きたくないことは書かなくてもよいことを伝えておく。さらにグループワークで知り得た内容は他言しないようにルール設定をしておく。

　他者の記入例を観察した後，さらに「私は＿＿＿です」を加筆してもらう。その際，どこからが他者の記述内容を見て書き足した部分かわかるようにペンの色を変えたり印をつけたりしておくことを指示しておく。

6）自己分析ワーク3（約15分）

　ここまでしても20個の文章を完成させられない学生もいる。そこで，今度はグループメンバー全員で協力して特定の一人の「私は＿＿＿です」を20個（すでに20個の文章を完成させている人が多ければ40個）完成させるためのグループワークを行う。その際，誹謗中傷やセクハラに解釈されそうな単語は避け，なるべくポジティブな単語を使うように指示しておく。とくに自分では書きにくいような外見や内面でのポジティブな単語（たとえば，かっこいい，かわいい，目がキレイ，やさしい，頼りになる，など）を書いてあげるように付言しておくとよい。また，他者に書いてもらったことがわかるようにペンの色を変えておく。時間の目安は一人あたりにかけられる時間は約3分半，全体で約15分のワークであることを学生には前もって示しておく。

7）省　　察（約5分）

　グループワーク後，①自分だけで考えて書いたとき，②分類の枠組みを知ってから書いたとき，③他者の記入例を知ってから書いたとき，④ほかの人にも書き足してもらったとき，という四つの段階において，記入された単語の数，属性・内面・外見の比率などがどのように変化してきたかを振り返らせる個人リフレクションを行う。一般的に記入数の合計値は右肩上がりになるので，一人で考えるより，知識（分類の枠組み），具体例，他者という協力を得たほうが高いパフォーマンスを得られることを実感させることができるし，知識や仲間の重要性をあらためて確認させる

こともできる。

8）総　　括（約5分）
　個人リフレクションの後，総括として教員からワークのねらいや簡単な解説を行う。具体的には，20答法（Twenty Statements Test）に関する論文や先行研究，文化差や世代差など関連する研究知見についてもふれながら，キャリアデザインにおいて自己分析が重要であること，そのための自己理解ツールが幾多もあること，その一つとして今回は具体的に20答法を取り上げて体験的に学んでもらったこと，などを簡潔に説明する。

9）次回予告（約5分）
　最後に質問がないか確認し，ミニッツペーパーの記入時間をとり，次回予告動画を流して授業を終了する。次回予告は30秒程度で，テレビアニメの次回予告風に作成されている。この動画は次回のスライドとして使用するPowerPointファイルを加工したもので，各スライドの画面が切り替わるまでの時間を指定した自動プレゼンテーションであり，コツをつかめば誰でも簡単に作成できる。

■ 9-3　各パートの目的・意図・ねらい
1）冒頭ワーク
　冒頭ワークの目的（意図・ねらい）は，受講生に「1分間で自分をアピールする力」や「1分間で話をまとめる力」を身につけてもらうことである。また，裏の目的としては，受講生の人脈づくり（学生のネットワーキング）がある。せっかく全学部・全学年が集まる授業なので，総合大学に入学したメリットを活かすべく，授業のなかで知り合いを少しでも増やしてもらおうという作戦である。また，1年生が多く履修する授業なので，大学への適応支援ということも少しだけ期待している。
　前回の授業の振り返りを全員で2分行うのは，学んだ知識を定着させ，各自の授業の感想を共有してもらうためである。（近年その出典のあいまいさが問題になっているが，広く人口に膾炙した）ラーニング・ピラミッドでLearning by teaching（教えることによって学ぶ）が最も記憶の定着によい学習方法であるとされていることは有名であるが，実際に授業の冒頭で前回の授業の内容を思い出し，他者と対話しながら確認することは，よい復習となる。加えて，他者の学びと自己の学びを対比させることができるので，省察が深まることが期待できる。また，やむをえない理由で

前回の授業を欠席した者へのフォローにもなっている。

2） 前回の復習と今回の概要説明

このパートの目的（意図・ねらい）は受講生の授業に対する理解と積極的参加態度を向上させることである。

前回の復習として，グループで2分間話し合った後，クラス全員の前で前回の内容について1分間で発表してもらうのは，直前のワークを真剣にやってもらうためである。また，教員が受講生の理解度を把握するための工夫でもある。

前回の復習を教員から簡単に行うのは，グループワークに対して教員からフィードバックを行うためである。思い出しきれなかった前回の内容を思い出してもらうことも目的である。

今回の概要説明を教員から簡単に行うのは，その日に学ぶ内容のなかでとくに意識してもらいたい部分（エッセンス）を先に把握してもらうためである。各回の到達目標を示すことで，学生のモチベーションや集中力を高めることを期待している。

3） 自己分析ワーク1

自己分析ワーク1の目的（意図・ねらい）は，受講生に「自分のことは自分が一番よく知っている」つもりで実は意外と自分のことを表す単語が出てこない（5分間で20個の文章を埋めることもできない）ことを痛感してもらうことである。

4） ミニ講義

ミニ講義の目的（意図・ねらい）は，自己分析の重要性に気づいてもらい，その後の自己分析ワークに真剣に取り組んでもらうことである。自己分析が将来的にも重要になってくること，他者理解との表裏一体であること，自己分析が不十分だとさまざまなリスクがあること，などの説明をとおして危機感を煽りながら真剣にワークに取り組むことの必要性を認識してもらうことを期待している。

5） 自己分析ワーク2

自己分析ワーク2の目的（意図・ねらい）は，抽象的に枠組みを考えることの重要性，具体的に事例を見聞きすることの重要性を体感してもらうことである。ヒントがないときよりも分類カテゴリーやほかの人の記述例を知った後のほうが多く書けることを実際に経験してもらい，その重要性を意識してもらうことを期待している。

6）自己分析ワーク3

自己分析ワーク3の目的（意図・ねらい）は，他者との対話や協働の重要性を体感してもらうことである。自分の頭で考えることも重要であるが，他者から助言をもらうことも同じくらい重要である。自分にはなかった発想を他者から教えてもらうことで，チームワークや多様性の重要性を学んでもらうことも期待している。

7）省　察

省察の目的（意図・ねらい）は，受講生にグループワークのプロセスについて振り返ってもらい，グループワーク中の感情や本日の学びについて考えてもらう時間をとることである。独力の限界と知識や他者との協働の有用性を体感してもらうことを期待している。

8）総　括

総括の目的（意図・ねらい）は，当日の授業をダイジェストで振り返りながら，それぞれのワークの意味や伝えたかったことについて教員から簡単に説明することである。回としてのまとまりがある授業だったと受講生に感じてもらうことを期待している。

9）次回予告

次回予告の目的（意図・ねらい）は，学生が途中で授業に来なくなるドロップアウトを予防すること，毎回の授業が連続性をもっていることを暗に伝えること，学生の興味を刺激して次回のテーマに関する自発的な予習（事前学習）を促すこと，などである。受講生に次回の授業も楽しみだなと思ってもらうことを期待している。

●引用・参考文献
家島明彦（2011）．「キャリア教育へのナラティヴ・アプローチ——自己物語と人生双六によるキャリアデザイン支援の試み」『日本キャリア教育学会第33回研究大会発表論文集』，78-79．
榎本博明（2008）．『自己心理学2——生涯発達心理学へのアプローチ』金子書房
佐藤浩章［編］（2010）．『大学教員のための授業方法とデザイン』玉川大学出版部
溝上慎一（2018）．『アクティブラーニング型授業の基本形と生徒の身体性』東信堂

文部科学省生涯学習政策局調査企画課［編］(2018)．『文部科学統計要覧（平成 30 年版）』文部科学省
吉川肇子 (2009)．「すごろくで語るライフストーリー」『シミュレーション＆ゲーミング』*19*(1), 1-8.

◆国立総合大学の教養教育におけるキャリア教育科目の開発
家島明彦先生への意見

　第1章で紹介された取り組みは，「研究活動」が重視される国立大学において，学生のキャリア形成を促す環境を整えるべく，キャリア教育を全学共通科目に設置する貴重な実践である。社会的・職業的自立に必要不可欠である「知識・理解」と「技能・態度」を修得できるよう，キャリア理論家・専門家・社会人からのインプット，自己や他者との対話によるアウトプットが授業内容としてバランスよく構成されている。また，授業方法については学生の主体的な授業態度を促す工夫が随所にみられる。定員超過の「人気授業」となるのは必然であろう。

【ここがスゴイ！】
1. インプットやアウトプット，意義・価値理解のバランスがスゴイ！
　授業の内容や方法が全面的に授業担当者に委ねられてしまうと，授業担当者の得手とする内容・方法に偏りがちになる。学生のキャリア発達を考えると，インプット（知識・理解の習得）とアウトプット（技能・態度の習得），両者のバランスと結びつきが鍵となる。「現代キャリアデザイン論」ではこれらのバランスを積極的に考慮することで，高い教育効果を得ていると思われる。

　そのうえ，これらを振り返る形で「授業の意義や学ぶ内容の価値を丁寧に」扱っている。とりわけ大学を「学力ランキング」で選択し，就職先の企業を「知名度／給与ランキング」をもとに選択する学生であれば，教育内容の意義や価値などなかなか考えないだろう。「現代キャリアデザイン論」ではこの理解に十分な時間をあてて「手ほどき」を加えることで，自身のキャリアと関連づけた意義や価値の内在化を促し，インプットとアウトプットの結びつきをより強化している。

2. ICTツールの活用がスゴイ！
　アクティブラーニング型授業を行う際，ICTツールは非常に有効である。ただし，授業でのICTツールの利用は準備や運用に多大なコストがかかるため，積極的に導入されているとはいいがたい。「現代キャリアデザイン論」では，このICTツールを積極的に取り入れて授業への主体的・能動的な態度形成を促しているところが魅力の一つであろう。また，ICTツールによって教員－学生間，学生同士の交流が促され，「人脈を増やす」という「裏目的」も到達へと導かれていることであろう。

　なお，ICTツールを効果的に用いるうえで，準備コストは軽視できない。200名規模のアクティブラーニング型授業であれば，そのコストは数倍にも膨れ上がる。本授業には，2名のTAが配置されているが，この膨大なコストに対応するために

は，十分なTA教育も行われていると予想される。ICTツールに対するリテラシーや対応力を比較的もっているであろう選抜性の高い大学ではあるが，ここに明示されていない「職人芸」が多数援用されていると推察される。

【ここが論点！】
1. 全体的な教育課程のなかで，どこにどのように位置づけられるか
　この授業の主目的にも掲げられているように，キャリアに対する「基礎的・汎用的能力」を育成し，大学で修めた専門教育を大学卒業後に接続することは，選抜性の高い大学におけるキャリア教育に強く求められる課題である。「現代キャリアデザイン論」は，「大阪大学でキャリアを真正面から取り上げた」科目であり教養教育科目に位置づけられている。そのため，キャリアに対する「基礎的・汎用的能力」の育成に重点が置かれているが，今後は専門教育科目などその他の科目との連動・接続が課題となってくるだろう。
　専門教育が充実している大学では，専門教育自体がキャリア教育そのものである場合も多く，また大学院への進学，大学院からの進路・職業選択も重要なキャリア教育のテーマとなりうる。他方，専門性の高さは，ときに学生の学問に対するリアリティショックを生み出すこともあり，リアリティショックへの対処や転学科を含めた進路変更も重要なトピックとなりうる。だからこそ，全体的な教育課程のなかで本授業がどこにどのように位置づけられるのかは非常に重要であり，それによって取り上げる授業内容の調整が求められるだろう。

2. 教育効果の実証分析から授業改善を考える
　キャリア教育科目は知識の定着にとどまらず行動へと至る技能や態度の獲得も教育評価の対象となる。また，教育目標によっては授業をとおしての短期的な教育効果のみならず，卒業後のキャリア形成を追跡するような長期的な教育効果の検証も求められる。今回示された指標にとどまらず，さまざまな観点から教育目標の達成度を確認することが必要となるだろう。たとえば，主観的な指標に加えて，客観的な指標を示すことは端的な例である。数値を示せばよいというわけではないが，そうした客観的な分析は，教育内容・教育方法の改善に大きく役立つと考えられる。今後のさらなる展開を期待したい。　　　　　　　　　　［コメント：杉本英晴］

◆その後の展開

　ここでは執筆当時から本書刊行時までに変化した点について付記しておく。第一に，カリキュラム変更に伴う授業名と科目区分の変化である。大阪大学で全学共通教育のカリキュラム改革があり，本章で紹介した授業「現代キャリアデザイン論」は 2019 年度から「現代キャリアデザイン論Ⅰ」と名称変更され，科目区分も「基盤教養教育科目（総合）」となっている。「全学部・全学年の学生を対象とした教養教育におけるキャリア教育科目」というカリキュラム上の位置づけは大きく変わらないが，表 1-3（☞ p.8）で紹介した大阪大学の全学共通教育の枠組みはまったく新しいものになっている。2020 年度から「現代キャリアデザイン論Ⅱ」という高学年向けの授業を「高度教養教育科目」という科目区分で新規開講すること（キャリア教育の体系化）を見込んでおり，さらなる展開が期待される。なお，2017 年 12 月に大阪大学キャリアセンター（キャリア教育部門と就職支援部門からなる）が新設されており，本授業も 2019 年度以降キャリアセンター提供科目となっている。

　第二に，開講回数と受講者数の変化である。受講希望者の増加に伴い 2017 年度から教室定員を 220 名に引き上げ，同じ授業を年 2 回開講することにした。しかし，受講希望者の増加は止まらず，2019 年度からは同じ授業を年 4 回開講している。

　第三に，授業方法と使用アプリの変化である。表 1-6（☞ p.11）や図 1-1（☞ p.12）で紹介した全 15 回の授業構成は大きく変わらないが，毎年見つかる課題に応じて授業の進め方や使用するツールは変更したり新しいものを導入したりしているため，授業方法（表 1-10（☞ p.22）や使用アプリ（図 1-3〜図 1-5（☞ p.13），図 1-8（☞ p.15））などは変わっている。

　このように本授業は進化を続けており，今なお新しい展開へと向かって変化し続けている。

杉本英晴 **02**

キャリア教育課程の新設および
キャリア教育科目の開発・実施
とその効果

中部大学全学共通教育科目「社会人基礎知識」
を事例として

第1部　教養・総合科目型キャリア教育科目

◆共通シート：キャリア教育課程の新設およびキャリア教育科目の開発・実施とその効果

開講年次								追跡調査
1年前期	1年後期	**2年前期**	2年後期	3年前期	3年後期	4年前期	4年後期	**卒業**

大学（学部）	科目名	必修科目／選択科目
中部大学（全学部）	社会人基礎知識	選　択

カリキュラム上の位置づけ	授業回数	複数科目の連動
全学共通科目	15回	なし
授業規模（履修登録人数）		
D．100人以上		

科目担当教員数	科目担当教員属性内訳	教員ミーティング
2名	専任教員2名（学部専任2名）	あり 不定期

授業の主なねらい

①「自分と社会の関係」およびその一環である「働くことの意味」について，自分の考えをもち，それを人に説明できる
②さまざまな職種や業種・企業などの特徴やその調べ方について基礎的な知識をもち，自分の適性に合った職業や就職先をどのように選んでいけばよいかについて，自分の考えをもっている
③①②を実現するため，自分は卒業までにどのような能力をどのような方法で高めるべきかについて，自分の考えと計画をもち，それを人に説明できる

授業スタイル（講義主体，グループワーク主体，外部講師講演主体など）

グループ主体のアクティブラーニング型授業

プログラムの評価

【授業ごと，授業実施中の評価】
・毎回授業終了時の「授業アンケート」で得られた授業への参加態度とキャリア意識に関する量的データによる評価
【授業実施後の評価】
・学生が提出する学期末レポートを用いた質的データによる評価
・卒業前調査による単位取得過程と進路意思決定過程に関する量的データによる評価

効果検証

卒業前調査について，同時期の「社会人基礎知識」の非受講者（統制群）との量的データの比較

第1節　授業の背景・経緯[1]

■ 1-1　授業開設の背景

中部大学は名古屋駅から電車とバスで1時間弱，緑豊かな広大なキャンパスに位置する7学部30学科で構成された総合大学である（2015年度現在）。もともと愛知県は全国的にみて，高等学校卒業者のみならず大学卒業者の就職率が高いこともあいまって，キャリア教育課程が設置されたのはごく最近で，設置準備が本格化したのは2009年度に入ってからのことである。

大学への進学率が50％を初めて超えたのがちょうど2009年度であった。高等教育機関への進学率の増加によって学生の多様化が進むなかで，大学教育の質を維持・向上を図るという大きな課題を抱えるなど「大学の大衆化」は社会的な関心を集めた。中央教育審議会（2008）は「学士課程教育の構築に向けて」の答申で，同年齢の若年人口の過半数が高等教育を受けるというユニバーサル段階に移行していることを指摘し，大学進学率などが過剰であるという立場をとらず，多くの若者が高等教育を受けられる機会を与えられたことを肯定的にとらえる立場をとるとしている。そのうえで，幅広く多様な学生を受け入れ，自立した市民や職業人として必要な能力を育成することができるような充実した「学士課程教育」の構築を，大学に求めた。

実際，2009年度当時，中部大学は大学規模の拡大移行期であり，2001年度の5学部15学科（学生数約7,800名）体制から2011年度の7学部29学科（学生数約9,900名）体制への拡大に伴い，すでに多様な学生を受け入れていた。その結果，「学力低下」や「学生相談室利用者の急増」などのあらたな課題が浮上していた。こうした背景のなか，あらたな教育体制の確立が急務とされ，中部大学は「学士課程教育」として，基礎教育である「全学共通教育」と専門教育である「学部（学科）教育」を位置づけた。

そして，キャリア教育はこの「全学共通教育」のなかに，初年次教育，スキル教育，外国語教育，教養課題教育，特別課題教育，健康とスポーツとともに設置されることとなる（図2-1）。とくに，キャリア教育は全学的にも蓄積がなかったことからゼロからの立ち上げとなり，初年次教育とともに，実施に向けた計画案の検討が

---

1) 本章の内容の一部は，中部大学の特別研究費（CP）を得て実施した（2014年度，2015年度）。本章は筆者が中部大学人文学部在職時（–2016年度）に執筆したものである。

第1部　教養・総合科目型キャリア教育科目

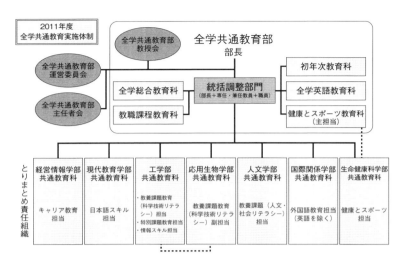

図2-1　全学共通教育実施体制（2011年度）

いち早く開始された。

■ 1-2　プログラムの着想とその背景

1）キャリア教育科目の設置

　キャリア教育科目の設置は，「全学共通教育」として基礎教育をどのように行うかという議論に端を発した。新しい科目を設置するにあたっては，学生の現状や課題についてあらかじめ十分に理解することで，学生の成長を促す教育目標を設定することが可能となる。学科共通のキャリア教育科目の授業内容を選定すべく，ワーキンググループではまず，学生のキャリアに関する問題意識が各学科から持ち寄られた。その結果，中部大学の学生は「就職活動に対する動機づけの低さ」を有しており，そもそも「なぜ働かなければならないのか」「どのような仕事をしたらよいのか」「会社で働くとはどういうことか」などの理解が不十分であるといった学科共通の課題を多く抱えていることが明らかとなった。なお，当時の中部大学で行われていたキャリア教育・支援は，キャリアセンターが主催する正課外の就職活動対策が中心であり，支援にのらない学生が少なからずいることは問題視されていたが，そうした問題意識は全学の教員で共有されていたとはいいがたい。キャリア教育科目を設置するにあたり，そもそも進路意思決定に関するレディネス自体が形成されて

36

いないという点が，全学的に解決すべき課題であるとの共有がなされたといえる。
　そこで，2009年度よりキャリア教育科目のワーキンググループが発足するにあたり，キャリア教育科目立ち上げの理念は「就職活動に関するガイダンスやテクニックとは異なり，キャリアを人生ととらえ，学生が生きる力を育てることを促し，学生のキャリア形成を支援するために教育活動を行うこと」とされた。そのうえで，学生が低学年からキャリア意識を身につけることができ，大学から職業社会への移行にあたり自律的な選択を行うだけでなく，職業社会へと移行した後も，自分の人生を自律的に生き抜く力を身につけるためのキャリア教育科目「自己開拓」と「社会人基礎知識」の二つが設定された。

2）「社会人基礎知識」のプログラム着想

　設定された二つのキャリア教育科目のうち，本章では「社会人基礎知識」を取り上げる。まず，「全学共通教育」におけるキャリア教育に関する授業として，初年次教育「スタートアップセミナー」における「ライフプランとキャリアデザイン」の単元，さらにはキャリア教育科目「自己開拓」のカリキュラムが先立って決定した。これらは，初年次から，自分自身の今後のキャリアについて，ビジョンをもち，プランを立て，デザインしていく必要性を認識しつつ，自分自身に向き合い，じっくりと課題に取り組むことで，今後必要となるコミュニケーション能力や協調性，課題解決力を向上させ，自尊感情を育み今後の学生生活の基盤をつくることが目的とされた。
　他方「社会人基礎知識」は，学生の学びを4年間の流れのなかで考え，1年次春学期に配置される初年次教育（スタートアップセミナー），1年次秋学期に新設されたキャリア教育科目「自己開拓」からの接続，そして，3年次のインターンシップへの参加の促進，4年次で内定が決まった後のフォロー，さらには正課外の教育・支援との連携をふまえた教育支援体制を考慮し，2年次に位置づけられた（図2-2）。そのうえで，中部大学のキャリア教育の理念や全学科で共有された学生のキャリアに関する共通した課題などが勘案され，学生の課題解決に向け，社会の仕組みについての基礎的知識・知恵の習得を目指すとともに，大学生活のライフプラン，働くことの意味，キャリアデザインについて考えるという授業プログラムの着想に至ることとなる。

第1部　教養・総合科目型キャリア教育科目

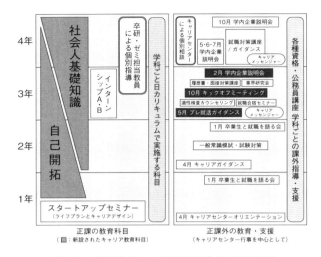

図 2-2　中部大学のキャリア教育体制（2011 年当時）

第 2 節　カリキュラム上の位置づけ

　このような経緯から，「社会人基礎知識」は 2011 年度からの開講にあたり，すべての学部学科の教育目的につながる基礎的な科目の一つに位置づけるべく，「全学共通教育」の「キャリア教育科目」に設置された。初年次教育やキャリア教育科目「自己開拓」のキャリア形成を引き継ぎ，自立した社会人・職業人として必要な知識や知恵の習得を目指し，自身のキャリアデザインについて低学年から考えていく。「社会人基礎知識」は，対象年次を 2 年生以上とし，学部・学科を問わない半期の科目とされた。

　授業規模は，1 クラス 100 名とし，立ち上げ当初の 2011 年度は 2 クラス開講とした。その後，2012 年度も 2 クラス開講であったが，受講希望者の増加に伴い，定員を 110 名に増やしたうえ，2013 年度は 4 クラス，2014 年度は 5 クラス，2015 年度は 4 クラスと，新設当初と比べると 2 倍以上受講者数が増えている。

　授業の形式としては，授業回数 15 回，講義形式の 2 単位科目とした。どのような科目であっても科目を新設する際に問題となるのは，授業担当者の確保である。キャリア教育科目ともなるとなおさらである。また，授業内容を詳細まで統一することは，学部（学科）教育で負担の多い教員同士で調整する負担や開講クラスを増やす際には引き継ぎの負担につながり，よりいっそう授業担当を引き受ける教員の

確保が困難となる。そのため，授業のねらいや教育目標，成績評価についてはできるかぎり統一しつつ，授業内容については担当教員の知識や経験など持ち味を活かす形で実施することとした。その結果，新設してから現在に至るまで十分な教員数を確保することができている。なお，授業担当者ミーティングについては，同じキャリア教育科目の「自己開拓」の授業担当者を含めて，年に2回程度行うことによって，「社会人基礎知識」同士の調整のみならず，「自己開拓」からの引継ぎを意識した調整を行なっている。

第3節　授業のねらい

　授業の主旨および達成目標は，以下のように設定された。

> 建学の精神である「あてになる人間」として社会に巣立つため，各学生が自分のキャリアビジョンについて考え，その実現に向けてどのような知識と知恵と能力を身につけるべきかを自覚し，自分の行動計画を持つように促す。具体的な達成目標としては，①「自分と社会の関係」およびその一環である「働くことの意味」について，自分の考えを持ち，それを人に説明できる，②さまざまな職種や業種・企業等の特徴やその調べ方について基礎的な知識を持ち，自分の適性に合った職業や就職先をどのように選んでいけばよいかについて，自分の考えを持っている，③①②を実現するため，自分は卒業までにどのような能力をどのような方法で高めるべきかについて，自分の考えと計画を持ち，それを人に説明できる。

　このように，社会のなかで働くことの意味を考え，自身の働き方を現実的に検討できる知識を身につけ，卒業後の進路意思決定に向け自身の能力を高める計画を立てられるようになれば，その後の学生生活も非常に有意義になるだろう。さらに，卒業後までを見通し，学生を無防備なままで社会に送り出さないよう，職業人として社会的生活を送っていくうえで必要な基礎知識を提供する場とした。

　また，授業における潜在的なねらいとして，学業やキャリアに対する意欲が低下した学生の再教育があった。「社会人基礎知識」は2年次に設置されているが，この2年次に学生の学業やキャリアに対する意欲が低下しやすいことが指摘されており，'Sophomore Slump' として研究が蓄積されている（石毛, 2010；菊池, 2010）。こうし

た意欲低下を起こしがちな時期にキャリア教育科目を効果的に配置することによってすでに意欲が低下している者には再教育の機会となる。また，意欲低下を抑制することができれば，3年次以降の社会人に向けたキャリア形成プロセスの促進，さらにはスムーズな進路意思決定につながり，将来的に社会のリーダーとなる可能性をもった人材の育成も当初からのねらいであった。

第4節　授業内容や授業構成

■ 4-1　授業の内容

　授業の設計は，低学年からのキャリア形成，および，学習意欲の低下した学生のリスタートを念頭に置いていたため，今後充実した学生生活，社会生活を送るために，学生時代に身につけるべき能力を自分自身で検討する授業内容が選定された。あくまでも就職支援ではなく，キャリア教育であるため，直接的に内定を促すという授業内容ではなく，社会人として必要な基礎的な能力を育むことが重視された。授業の詳細は担当者によっても年度によっても若干異なるため，授業タイトルと授業内容の一例を表2-1に示す。

■ 4-2　授業形式

　主要な授業実施形式としては，講義型の授業形式を採用したが，キャリア形成能力を獲得するためにどのような心構えや行動が必要かを自分自身で考えて説明できる機会を提供するため，個別ワークのみならずグループワークを積極的に採用した。

■ 4-3　授業運営，授業展開上の工夫

　授業を運営するにあたり，さまざまな工夫がなされた。そのなかでもとくに重視した6点を本章では取り上げる。

1）主体性の意識化

　学生は大学進学時点までに複数回の進路意思決定を行なってきている。それにもかかわらず，主体的に進路意思決定を経験してきたと認識している学生はそれほど多くない。学校間の移行における進路意思決定において，推薦による入学であれば，それまでの学校の学業成績からある程度候補が絞られ，教員によってほぼ割り振られた学校を受験することとなる。また，選抜試験を通過した経験がある者であ

表 2-1 「社会人基礎知識」における授業タイトルと授業内容の一例

授業回	授業タイトル	授業の概要
1	オリエンテーション 「ライフ」という言葉について考えてみよう	授業の目標・内容・スケジュール・受講ルール・評価に関する説明, 生まれて死ぬまでの人生における「現在」の確認,受講者全体ワーク
2	「学ぶ」という言葉について考えてみよう	主体的に学ぶとはどういうことかを理解する, テーマに関するグループワーク・クラス共有
3	「あてになる人間」について考えてみよう	建学の精神から社会で「あてになる人間」について考える, テーマに関する個人ワーク・グループワーク・クラス共有
4	「働くことの意味」について考えてみよう	「働くことの意味」について個人と社会の観点から考える, テーマに関する個人ワーク・グループワーク・クラス共有
5	「世の中の職業」について知ろう (キャリア支援課職員による講義)	就職活動に対する心構えや業種・職種の理解, キャリア支援課に相談することの意味についての理解
6	「自分の将来像」について考えてみよう	「ライフイメージ」ワークによる自分の望む将来像の理解, テーマに関する個人ワークとグループワーク
7	「受容的に聴く力」を身につけよう	「聴き方」ワークによる「聴く」態度についての理解, テーマに関する個人ワーク・ペアワーク・グループワーク
8	社会人による講演Ⅰ	社会人大学院卒業後,経営者となった修了生による講演
9	社会人としての常識を身につけようⅠ	法人・雇用形態・従業員の権利と義務・給与・社会保険・ 労働時間制度・解雇などの知識獲得
10	社会人による講演Ⅱ	卒業後にさまざまなキャリアを積んだ後でキャリアコンサルタント として人事育成の仕事に携わっている社会人による講演
11	「情報の整理」について知ろう	「情報」を論理的に連結して整理するワーク, 個人ワーク・グループワーク・クラス共有
12	学内で力をつけるためになにができるか? 考えてみよう(学生による講演)	ボランティア経験や留学経験など,課外活動経験の講演, 挑戦したい活動に関するグループワーク・クラス共有
13	社会人としての常識を身につけようⅡ	身だしなみ・ビジネス慣用句・電話対応・上座／下座・ネット利用・ 電子メールの利用方法・内部告発制度・不正行為などの知識獲得
14	これまでに学んだ知識をつなげようⅠ	授業のふりかえり,コンセプチュアルマップに関する説明
15	これまでに学んだ知識をつなげようⅡ	コンセプチュアルマップの作成・レポート課題の提示

っても,自身の偏差値である程度候補が絞られ主体的に選択したという感覚を得にくい。そのため,自分の進路を主体的に選択する力を有している学生は少なく,そもそも主体的に進路を選択することの重要性を理解していない学生が非常に多い。

そこで,学生自身がキャリアを形成する主体であるという認識を促すため,自身の主体性に意識を向けさせるようなさまざまなメッセージを,授業をとおして投げかけつづけた。授業の開始時点から,授業ではさまざまな機会を提供するけれども,考えたり行動したりする主役は受講生自身であることを強調した。

2) アウトプットを前提とした学び

ただし,主体性を意識化するだけでは,主体的な態度を獲得するのは困難であり,

主体的な行動を伴うことが必要不可欠である。そこで，主体的な行動をアウトプットする機会を学生にできるかぎり多く提供することも重視した。

「社会人基礎知識」では，知識をただインプットした場合と他者にアウトプットするためにインプットした場合とで，後者のほうが知識の定着率が大きく高まることを体験してもらい，「アウトプットを前提とした学び」の重要性をクラス内で共有した。そして，毎回の授業のはじめに行う前回の授業のフィードバック，および，知識伝達の講義部分は90分のうち3分の1程度にとどめ，残りの3分の2の時間で個別ワークやグループワークといった学生参加型の授業を展開した。授業でワークに取り組む場面でも常に，主体的に考えアウトプットすることの重要性を繰り返し伝えた。また，講義の際にも，ワークの際にも，学生にたびたび発問することで，アウトプットの機会を設けた。

さらに，授業の終わりには毎回，10分程度でコメントシートへの記入を求めた。コメントシートの構成としては，授業で取り上げた主テーマに対する印象に残ったことや疑問に思ったこと，グループワークを行なった際のあらたな発見などを中心に自由記述によるコメントを求めた。このように授業の最後にあらためて授業で取り上げた内容を振り返り，自分の言葉でアウトプットすることは，授業で学んだ知識の整理につながる。また，次回の授業でこのコメントシートをフィードバックすることにより，復習につながるだけでなく，グループで提出された意見よりも多様な意見にふれ，自分の考えを多角的かつ客観的にとらえ直すことが可能となる。

3）個別ワークからグループワークへの展開

「社会人基礎知識」では，個別ワークやグループワークを積極的に取り入れたが，ワークの手順についても工夫を施した。具体的には，授業で扱うテーマについて簡単に講義を行なった後，テーマに関する個別ワークを行なったうえで，その結果を持ち寄ってグループワークを行うという展開にした。グループワーク前に個別ワークを行うことによって，自分の意見や考えについて自分なりに準備ができる。その結果，グループワークに取り組みやすくなり，主体的な授業参加が促される。また，グループワークを行う際には，グループメンバーに伝わるように自分の考えや意見を説明することが求められる。そうした体験は，自身の説明能力に対する自己評定を促し，伝わるように工夫したり，伝え方を工夫した自身の意見がメンバーに受け入れられたりすることで，グループへのコミットメントが高まり，より主体的な授業参加が促されることとなる。

もちろん，授業における時間の制限を考えると，個別ワークを行わずはじめからグループワークにとりかかることで，グループワークに多くの時間を割くことができ，グループワークがより活性化するとも考えられる。しかし，自分の意見を事前にもたずにグループワークに参加すると，他者からの評価懸念からグループワークに参加できない学生を生み出したり，フリーライダーを生み出したりする可能性がある。また，自分のアイディアを保持するのと同時に他者の発言を処理するといった予想以上のコストがかかる。自分の意見を事前に準備することの重要さも体感してもらうため，グループワークの前の個別ワークの時間を必ず設けた。

4）キャリア・モデルの活用

　学生のなかには，社会人に対して極端に否定的なイメージを有していて進路意思決定を忌避する者もいれば，社会人に対するイメージがまったくわからないことで進路意思決定に不安を抱く者もいる。杉本（2015a）によれば，サラリーマンなどの安定的な職業に就くキャリア・モデルが周囲に少ないほど，就職に対する肯定的なイメージを形成していないことを明らかにしているが，このように就職している社会人が周囲に少ないことで就職して働くイメージが偏ったり，思い浮かばなかったりすることもあるだろう。

　そこで「社会人基礎知識」では，社会人のイメージを明確化することをねらいとし，キャリア・モデルとして就職して働いている社会人2名から講演の協力を得ることとした。なお，2名とも学生自身と親世代の間に位置するであろう40歳代の社会人に依頼をし，比較的想像がつきやすい親世代と自分自身をつなぐキャリア・モデルとなるよう考慮した。

　また，学生のなかには，学生生活の送り方を悩んでいる者も少なからずみられる。学生生活のなかで自分自身の資質・能力を高めたいと思っていても，その方法が思い浮かばなかったり，あらたな環境に飛び込むことに対して抵抗感を抱いていたりする者もいる。そこで，受講者の主体的な学生生活を促すべく，キャリア・モデルとして，課内活動はもちろんのこと課外活動まで積極的に行なっている2名の学生にも，講演を依頼した。この2名はそれぞれ，NPOでのボランティア活動を行なった学生や留学して語学研修を行なった学生など，学内の課外活動を行なった学生である。講演では学生生活を充実させる場は身近にさまざまあり，少し行動するだけでさまざまな経験ができること，またこれらをとおして自分自身の資質・能力を高めることができることを強調してもらった。

5)「弱い紐帯」の構築

「弱い紐帯の強さ」の理論によれば，家族や親友，親しい知人，学校・職場の同僚などとの強いつながりよりも，あまり知らない人，会う機会の少ない疎遠な知人といった弱いつながりから進路意思決定に関する情報を得ていることが明らかとされている（Granovetter, 1973, 1995）。日本の大学生においても，限定的な友人関係を築いている者よりも，拡大的な友人関係を築いている者のほうが，円滑な進路意思決定を行うことが明らかにされていることから（杉本, 2015a），学生同士のつながりを構築することは非常に重要であると考えられる。

また，学部・学科が異なるまったく面識のない学生たちが「社会人基礎知識」を受講している。そのため，グループワークに取り組む際のリアクタンスは，非常に大きくなることが予想された。そのため，アイスブレイクを意識的に取り入れた。グループワークの活性化によるパフォーマンスレベルの向上のみならず，学生同士のつながりの構築を目指した。

1回目の授業では，「トモダチ100人できるかな？」（京都産業大学キャリア教育研究開発センターF工房, 2012）を中部大学の学生用に一部改変し，受講者全体でアイスブレイクを行なった。また，グループワークを行うグループは授業全体で2回の変更を行い，3グループを経験するよう設定したが，グループでのアイスブレイクも毎回行なった。なお，受講生は全学の学部・学科に及んでいたため，ランダムにグループ分けを行なった結果，学部・学科が横断的なメンバーでグループは構成された。とくにグループで関係性が構築される前から，グループ全体でワークを行うことは困難であることが想定された。そのため，毎回のアイスブレイクには，「3つ選んで自己紹介」（京都産業大学キャリア教育研究開発センターF工房, 2012）などの二者関係構築からグループメンバー全体の関係構築に波及するアイスブレイクを取り入れるよう工夫した。

さらに，「社会人基礎知識」では，キャリアセンター職員によって業種や職種，仕事内容を概説する授業を組み込んだ。これらの授業内容は，今後の就職活動で非常に重要な知識であり，キャリアセンター職員という専門的な立場からの概説によって高い教育効果が期待できるだけでなく，キャリアセンター職員との「弱い紐帯」の構築も学生の進路意思決定過程では重要であると考えられた。

キャリアセンターなどの相談機関への援助要請に関する学生の抵抗感は高く，利用しようとしない学生は多い。あまり知らない，会う機会がほとんどない，存在さえも知らないような疎遠な関係性であるからこそ感じる抵抗感かもしれない。しか

し，キャリアセンター職員を頼ることが学生の進路意思決定に有効に機能することを勘案すれば，学生はキャリアセンター職員と「弱い紐帯」を構築することは非常に重要だろう。授業でキャリアセンター職員が話すことにより，キャリアセンター職員に対する面識ができ，差し伸べてくれる手があるかもしれないと，キャリアセンターに足を運ぶハードルを下げることにつながるだろう。授業でのキャリアセンター職員の印象がよければなおさらである。

このように，学生の「弱い紐帯」のチャネルを拡大するよう工夫した。そのうえで，自分の親しい友人関係や日頃関わりのある所属学部・学科の友人関係にとどまらず，多様な関係性を構築する重要性を示唆するメッセージも学生に投げかけつづけた。

6）社会人としてのマナーや基礎知識の獲得

就職活動をする際に，社会人マナーを身につけていないと過剰に不安を感じ，萎縮してしまって積極的に就職活動ができないという学生が多く見受けられる。もちろん，社会人としてのマナーや基礎知識といっても会社によって大きく異なるため，入社してからの境遇で求められるものを身につければよいだろう。しかし，こうした過剰な不安への対応はもちろんのこと，社内研修を行わない会社，常識として社会人マナーが扱われ結果的に社内研修で取り上げない会社の存在を勘案すれば，社会人としてのマナーや基礎知識の獲得は学生にとって意義あることだろう。

そこで，授業マナーも社会人マナーとして扱い，マナーを意識化できるよう明言化することを心がけた。「授業開始5分前に入室」「授業に必要なもの以外は机の上に置かない」「途中退出は教員に許可を求める」「講師が話しているときは私語厳禁」などの細かな授業マナーも，授業開始時点から明言化された。また授業では，社会人の基礎知識として「ほう・れん・そう」や「PDCAサイクル」「KYT」「5S」などの用語の理解のみならず，「身だしなみ」や「ビジネス慣用句」「電話応対」などの社会人マナーや「法人」や「雇用形態」「社会保険」「解雇」などの雇用や労務管理に関する基本知識も取り上げられた。

第5節　効果測定

■ 5-1　授業を通じて期待される効果

プログラムを通じて期待される効果は，授業の主なねらいで示した以下の3点で

あった。

> ①自分と社会の関係性・働くことの意味，職種や業種の調べ方・選び方，能力を高める計画・自分の計画（授業の教育目標）
> ②学習意欲低下がみられる学生のリスタート（大学適応の促進）
> ③進路未決定の抑制と進路決定の促進（進路意思決定過程の促進）

■ 5-2　期待される効果の測定方法

授業アンケート，授業の最終レポート，および，卒業前調査によって効果検証が行われた。

■ 5-3　効果測定の指標と測定手続き

1）授業アンケート

毎回の授業の最後に授業アンケートとして，授業に対する参加態度とキャリア意識に関する尺度を使用した。これらの尺度は各5項目から構成されており，「そう思わない」（1点），「ややそう思う」（2点），「そう思う」（3点），「とてもそう思う」（4点），「非常にそう思う」（5点）の5件法で評定される。授業に対する参加態度に関する尺度については，得点が高いほど授業内容に対する興味・関心を抱き積極的に授業参加したことを示す。またキャリア意識に関する尺度については，得点が高いほど自分のキャリアや将来の仕事に対する関心やそれらに活かそうとする意識を高めたことを示す。「本講義を受講したあなたの気持ちや考え」として最もあてはまる選択肢への回答を求めた。また，授業評価には関わらないことを伝え，率直な回答を求めた。回答者数は授業によって異なり，82名から100名の協力を得た。以下に各尺度の項目例を示す。

> ●授業参加態度尺度の項目例
> 　「授業で学んだ内容に興味や関心を抱いた」
> 　「授業に積極的に参加することができた」など
> ●キャリア意識尺度の項目例
> 　「自分のキャリアや将来の仕事への関心が高まった」
> 　「自分のキャリアや将来の仕事にいかそうと思えた」など

2）授業の最終レポート

授業内容に関するコンセプチュアルマップの作成と「社会人として大切なことは何か」という題目のレポート作成を求めた。コンセプチュアルマップについては，授業で学んだことからコアになるキーワードを16取り上げて（ライフ〈人生〉，キャリア，学ぶ，教える，不言実行，あてになる人間，働く，お金，就職活動，業種，職種，コミュニケーション力，友人，挑戦，経験，幸せ），それぞれのキーワードの関連づけを放射線状に行うこと，関連が強いと弱い場合で線の太さを変えること，対極に位置づけられるものは両端矢印を用いること，つないだ線の意味は短い文章や単語で補足すること，を指示し，A3用紙に作成を求めた。そのうえで，このコンセプチュアルマップにもとづいて授業全体を振り返り，レポートを作成するよう指示した。

3）卒業前調査による学校適応と進路決定

学生が4年次の12月時点に調査を行い，進路決定状況（まだ行なっていない，就職活動中，就職活動を終えた）について回答を得た。その結果，「社会人基礎知識」の受講者87名，非受講者（統制群）282名の計369名についての進路決定状況に関する回答を得た。

また，調査に協力が得られた学生に関するさらなる授業関連データとして，「社会人基礎知識」の授業成績，および，1年次から学年ごとの単位取得数のデータを教務支援課から，また就職活動関連データとして，3年次に行われた全10回構成の就職ガイダンスへの参加状況データをキャリア支援課（キャリアセンター）からそれぞれの情報を得て，進路決定状況データとの紐づけを行なった。なお，調査時点の進路決定状況，授業成績や単位取得状況，および，就職ガイダンス参加状況に関するデータについては，情報提供の了承を得ることができた対象者のデータのみを利用した。最終的に，回答に不備があった学生と教職課程の学生の計14名を除いた受講者85名，非受講者（統制群）270名の計355名を分析対象者とした。

■ 5-4　効果測定の結果とポイント

1）授業アンケートからみたキャリア意識の効果検証

まず，授業アンケートで使用した授業参加態度尺度とキャリア意識尺度の内部一貫性を授業ごとに検討したところ，どちらの尺度も十分な信頼性を有していることが示された（授業参加態度尺度 $\alpha=.90$–$.95$，キャリア意識尺度 $\alpha=.89$–$.97$）。そこで，それぞれの尺度について，授業ごとの加算平均得点を算出した（図2-3）。

第1部　教養・総合科目型キャリア教育科目

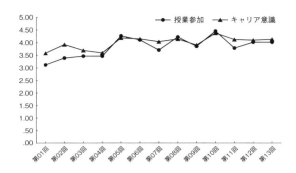

図 2-3　各授業の授業参加態度とキャリア意識の尺度得点

　授業参加態度については，尺度得点の結果がすべて 3.50 点以上であった。このことから，学生が授業にある程度積極的に参加していたことがわかる。
　またキャリア意識については，尺度得点の結果がすべて 3.00 点以上であり，すべての授業でキャリア意識を高めていたといえるだろう。とりわけ「「世の中の職業」について知ろう」（第 5 回），「「自分の将来像」について考えてみよう」（第 6 回），「社会人による講演Ⅰ」（第 8 回），「社会人による講演Ⅱ」（第 10 回），「学内で力をつけるためになにができるか？　考えてみよう」（第 12 回），「社会人としての常識を身につけようⅡ」（第 13 回）の授業の回には尺度得点は 4.00 点以上であり，これらの授業によって自分のキャリアや将来の仕事に対する関心やそれらに活かそうとする意識を高めたと強く認識していることが明らかにされた。

2）授業の最終レポート課題からみた教育目標の効果検証

　作成されたコンセプチュアルマップは，指定されたキーワードをつなぐためにあらたなキーワードが積極的に用いられていたり，キーワードから連想されたイメージが絵で表現されていたりと，学生によって大きく異なっていた。ここでは，全キーワードを比較的統合的にまとめられていたコンセプチュアルマップを紹介する（図 2-4）。
　このように，コンセプチュアルマップを作成する際，すべてのキーワードの理解をし直すことでキーワード同士の連結が可能となるため，授業全体の復習となる。そのうえ，キーワードを連結するには，連結するための「意味」を見出す必要がある。それが全キーワードを連結となると非常に困難な作業となるが，悩んで導き出

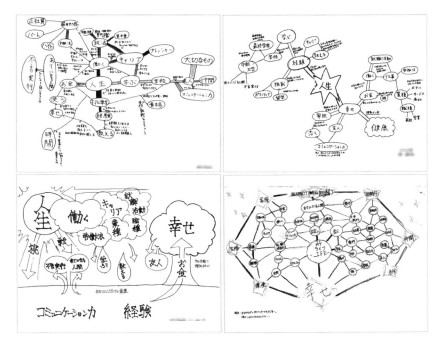

図 2-4　コンセプチュアルマップの例

された「意味」は学生一人ひとりの重視するキャリアに対する価値観が投影されている。こうした作業により，自分の価値観に気づく学生が多くみられた。

実際にこの作業を経て作成された「社会人として大切なことは何か」に関するレポートでは，自分自身が人生やキャリアのなかで重視することについての気づきを述べるコメントがみられた。また，〈授業を通じて期待される効果〉である社会のなかで働くことの意味を考え，自身の働き方を現実的に検討できる知識を身につけ，卒業後の進路意思決定に向け自身の能力を高める計画を立てられるようになることに関してもさまざまなコメントがみられた。これらのコメントを表 2-2 にまとめた。

これらを勘案すると，自分と社会の関係性・働くことの意味を考え，職種や業種の調べ方・選び方を検討できる知識を身につけ，自身の能力を高める計画・自分の計画を立てられるようになるという「社会人基礎知識」の教育目標は，十分に達成できたといえるだろう。

表2-2 最終レポート「社会人として大切なこと」の記述例

●自分の人生や将来について重視することの気づき
- 働くことには覚悟と責任が必要となってくる
- 働くことは挑戦すること,挑戦することでいろいろなことを身につけることができ,成長していくことができる
- 将来を見据えるとお金の大切さがあらためてわかった
- 生活,趣味,友人との交友,そして備えを蓄える働くことのバランスが大事だと気付いた
- 真面目に働き周りの人からあてになる人間と思われるようになり信用されるのは幸せ
- 家族と仲良く暮らすことが幸せで,家族を支えるお金が重要,そのためには働くことが大切

●自分と社会との関係性／社会のなかで働くことの意味
- 働くことで社会や人の役に立ち,収入を得ることができ,生活が成り立つ
- 働くことを通じて社会に有益な何かを提供するのが社会人,その対価として所得を得る
- 自分の食べるもの,住む家,遊び金を作り出してこそ社会人
- 働くことでお金を得ることができ,生活を充実させ,社会的な立場の確立にもつながる
- 仲間や上司と協力することによって,お金や実績を得ることができ,自身のキャリアにつながる
- 働くことは,家族や友人に支えられている

●自身の働き方を現実的に検討するための知識の獲得
- どのような会社に入れば自分の知識を活かして会社や社会に貢献できるのか考え始めた
- お金と自由さなど自分にとってよりよい条件のもとで仕事をしたい
- 職場の雰囲気が良いかを重視し,上司や仲間と良い関係を作っていきたい
- 自分の家庭をもったとき,どれだけ家族との時間をとれるか,どれだけ自分のために時間が取れるか考えた
- 労働法などを通して勤務時間や保険などの知識を理解することによって職業選択をしていきたい
- 仕事を肯定的に受け入れがたい場合でも,その仕事の良さ,続けられるような心のよりどころを見つけることが重要

●能力を高める計画・自分の計画
- 今までは何となく時間を過ごしてきたが,これからは目標をもって毎日を過ごしていきたい
- 新しい経験には挑戦が必要,成功しても失敗しても経験値をつむことができる
- 今の日々をいかに考え,その考えたことを実践して経験を積むことが大切
- 一日一日をかみしめて,日々自分を磨き誇れる人間になりたい
- 自分を成長させるため,講義に主体的に参加していきたい,授業内容を心の中で整理しながら,疑問を抱きながら講義を受けていきたい
- ボランティアやNPOの活動に興味をもったため,秋から参加したい
- 講義の受講,留学,ホームステイ,旅行を積極的に行い,語学力をみにつけたい
- バイトや部活,家族との関係,勉強している時間,遊んでいる時間,どんな時でも自分にとってプラスになることをして過ごしていきたい
- 自分の人生を決めるのは他の誰でもない自分,周りの環境の変化を期待するのではなく,自分が変えていく
- 成長させるために怒られていると思い,素直に聞き入れるところからはじめたい
- 大学生活を通して様々な人と交流し,コミュニケーションをしていきたい
- 自分の考えや思いを相手にわかりやすく伝える力を身につけたい
- 人とのつながりを広げることで,自分らしさや良さを発見し,人のことを思いやれる人間になれる
- 周りを巻き込んでいけるような存在になれるように努めていきたい
- たくさん話すことができるということより,うなずきや相槌など相手の話をさせるような会話方法を模索していきたい

●就職活動に向けた準備・心構え
- 進路について3年の春には確かな目標をもちたい
- くよくよ悩まず積極的に就職活動を行っていきたい
- 業種や職種を吟味し研究したり,インターンシップ等を通じて自分に適した仕事を見つけていきたい
- 自分の就こうとしている業種にかかわる知識をつけることが就職活動前に必要だと思った
- 数えきれない業種や職種があることを知り,説明会に多く出席していきたい
- 就職活動に向けて準備をすることが必要

3）卒業前調査からみた大学適応と進路意思決定過程に関する効果検証[2]

「社会人基礎知識」の受講がもたらす教育効果について，(1)「社会人基礎知識」が単位取得に及ぼす影響，(2)「社会人基礎知識」が就職ガイダンスへの参加率や進路決定などの進路意思決定過程に及ぼす影響，について検討することにより，卒業時点までの「社会人基礎知識」による長期的な教育効果を示す。

(1)「社会人基礎知識」の受講が単位取得過程に及ぼす影響 まず，1年次の単位取得数の平均値（43.47単位）を基準として，単位取得の高群・低群に分類した。そのうえで，単位取得（高群・低群）×受講のクロス集計を行なった（図2-5）。

単位の取得状況と「社会人基礎知識」の受講状況の連関を検討すべく，χ^2検定を行なった。その結果，人数の有意な偏りが確認され（$\chi^2(1)=8.63, p<.01$），「社会人基礎知識」の受講者は単位取得低群の比率が高く，「社会人基礎知識」の非受講者は単位取得高群の比率が高かった（$ps<.01$）。

次に，1年次の単位取得状況別に「社会人基礎知識」の受講状況（S/A群・B/C/E群・統制群）×学年（1年・2年・3年・4年）を独立変数，取得単位数を従属変数とした二要因混合計画の分散分析を行なった（図2-6，図2-7）。

その結果，単位取得低群・高群の両群で「社会人基礎知識」の受講状況×学年の

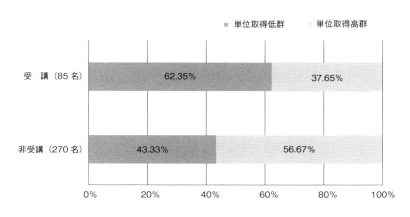

図2-5　1年次の単位取得状況と「社会人基礎知識」の受講状況

2）この効果測定は，杉本ら（2016）で報告された。

第1部　教養・総合科目型キャリア教育科目

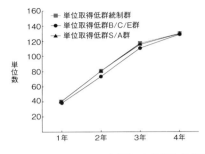
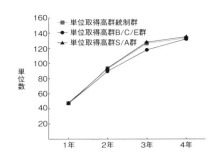

図2-6　単位取得低群の受講状況と単位取得過程　　図2-7　単位取得高群の受講状況と単位取得過程

有意な交互作用がみられた（$F(6, 384) = 5.33, p < .001 ; F(6, 310) = 4.06, p < .001$）。そこで，単純主効果検定を行なったところ，とくに興味深い点として，単位取得の低群において1年次のB/C/E群の単位数は，S/A群との有意な差はみられず，統制群よりも有意に少ないことが示された（$p < .01$）。しかし，2年次になると，B/C/E群の単位数は，統制群やS/A群よりも有意に少なく（それぞれ$p < .001, p < .01$），3年次まで同様の傾向がみられた（それぞれ$p < .01, p < .05$）。なお，4年次では「社会人基礎知識」の受講状況による単位数の有意な差はみられなかった。単位取得高群においては，1年次では単位取得数に受講状況による有意な差はみられなかった。しかし，2年次になると，B/C/E群の単位数は，統制群やS/A群よりも有意に少なく（$ps < .05$），3年次まで同様の傾向がみられた（$ps < .001$）。なお，4年次では「社会人基礎知識」の受講状況による単位数の有意な差はみられなかった。

　これらを勘案すると，「社会人基礎知識」の受講者は1年次に単位をあまり取得していない学生の比率が高い。ただし，1年次に単位をあまり取得していなかった学生であっても，2年次に「社会人基礎知識」を受講し優良な成績を修めたS/A評価の学生はその後単位を順調に取得していく。一方で，「社会人基礎知識」に積極的に参加しなかったB/C/E評価の学生は2，3年次の単位取得において遅れをとることが示され，大学生活に十分な適応ができていないと考えられる。

(2)「社会人基礎知識」の受講が進路意思決定過程に及ぼす影響　　次に，「社会人基礎知識」の受講が就職ガイダンス参加率に及ぼす影響を検討するため，1年次までの単位取得状況（低群・高群）×「社会人基礎知識」の受講状況（S/A群・B/C/E群・統制群）を独立変数，就職ガイダンス参加率を従属変数とした二要因参加者間

分散分析を行なった。その結果，有意な交互作用はみられず，単位取得状況の有意な主効果と（$F(1, 349) = 4.37, p < .05$），「社会人基礎知識」の受講状況の有意な主効果がみられた（$F(2, 349) = 22.80, p < .001$）。多重比較を行なった結果，1年次の単位取得状況においては高群より低群が就職ガイダンスへの参加率が有意に高く，「社会人基礎知識」の成績についてはB/C/E群，S/A群，統制群の順に就職ガイダンスへの参加率が有意に高かった（図2-8）。

「社会人基礎知識」の受講者は，非受講者である統制群よりも1年次単位取得をしていない学生の比率が多いが，1年次の単位取得が低い学生であっても「社会人基礎知識」でS/A評価を得た学生は就職ガイダンス全行程のうち7割以上参加しており，B/C/E評価を受けた学生よりも就職ガイダンスの参加率が高いことが示された。

さらに，単位取得状況別に授業の受講状況と進路決定状況との連関を検討すべく，単位取得状況の授業の成績を含めた受講状況×調査時点の進路決定状況のクロス集計を行なった（図2-9）。

条件別の未決定者・決定者率を検討するためχ^2検定を行なった結果，有意な人数の偏りがみられ（$\chi^2(5) = 13.71, p < .05$），単位取得低群のB/C/E群のみ，未決定者の比率が有意に高く，決定者の比率が有意に低かった（$ps < .05$）。

これらを勘案すると，「社会人基礎知識」を積極的に受講し優良な成績を修めたS/A評価の学生は，1年次までの単位取得状況が悪くても，ある程度就職ガイダンスに参加し，1年次までの単位取得状況がよい学生と大きく変わらない比率で進路を決定している。しかし，積極的に受講しなかったB/C/E評価の学生は，3年次の

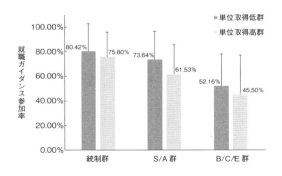

図2-8　受講状況と就職ガイダンス参加率

第1部　教養・総合科目型キャリア教育科目

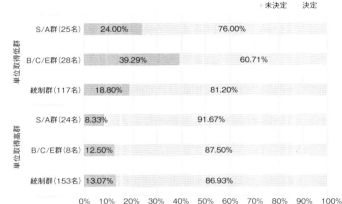

図2-9　単位取得状況別の授業の受講状況と進路決定状況

就職ガイダンスにあまり参加せず，進路を決定できない傾向にあることが明らかにされ，円滑な進路意思決定ができていないと考えられる。

第6節　効果測定からみた教育的効果と課題

「社会人基礎知識」の毎回の授業アンケートや最終レポート課題から，多くの学生が本授業をとおして，自身の将来に対する関心を高め，「働くこと」に対する自分なりの意味づけを深めたといえる。また，その教育効果は，こうした授業直後の短期的な教育効果にとどまらない。卒業前調査からは，受講後の単位取得過程や進路意思決定過程にまで影響を及ぼす可能性が示唆され，長期的な教育効果も確認された。とくに「社会人基礎知識」を受講する学生は1年次の単位取得状況が芳しくない学生の比率が高かったが，そのなかでもこの授業に積極的な参加をして優秀な成績を修めた学生は，2年次以降の単位取得状況が改善した。また，3年次に行われた就職ガイダンスへの参加率も高く，単位取得を順調に行なってきた学生と同様に卒業時点で進路決定に至ることが示された。すなわち，たとえ1年生のときの単位取得状況が悪くても，「社会人基礎知識」に積極的な参加をした学生は，大学で学ぶことや将来働くことの「意味」を再構築し，大学生活に自分なりの意義を見出し，リスタートを成功させ，円滑な進路意思決定を行うことができたと考えられる。

しかしその一方で，1年次の単位取得状況が悪く，「社会人基礎知識」にも積極的

に参加しなかった学生は，2年次以降の単位取得も悪く，就職ガイダンスへの参加率も，卒業前の進路決定の比率も低いことが示された。すなわち，「社会人基礎知識」への消極的な参加では，大学で学ぶことや将来働くことに対する「意味」を再構築できず，大学への適応に向けたリスタートができず，卒業前時点で進路決定に至りづらかったと考えられる。

　これらのことを勘案すると，「社会人基礎知識」は積極的な参加を促す授業であるにもかかわらず，積極的に参加できなかった，しなかった学生は，単位取得ができていないうえに，大学生活に適応できず，進路も決定できない可能性が高い。当然，こうした学生には早期介入の必要がある。授業参加態度から早期介入が必要な学生をいち早く認識すること，そして彼らに有効な教育・支援方法を検討することは，学校適応の観点からも，進路意思決定の観点からも非常に重要であり今後の課題といえよう。

第7節　「ライフイメージ」ワークシートを用いた授業紹介

　ここからは授業のテーマの一つについて，教材や授業進行などを中心に紹介する。ここでは，「社会人基礎知識」という授業テーマのなかでも，自分のキャリアや将来の仕事に対する関心，それらに活かそうとするキャリア意識を非常に高めたことが授業アンケートから示された第6回の授業「「自分の将来像」について考えてみよう」を取り上げる（表2-1 ☞ p.41）。この授業回では，「ライフイメージ」ワークシートへの取り組みとグループワークによって，サヴィカス（Savickas, 1997）が提唱したキャリア・アダプタビリティの下位概念である「関心」および「コントロール」を高めることが主要な教育目標として掲げられた。また，グループワークによって，キャリアに対する多様な価値観にふれ，自分の価値観を明確化することも目標とされた。

■ 7-1　キャリア・アダプタビリティとは

　キャリア・アダプタビリティとは「変化できる資質，大きな困難なくして新しいあるいは変化した環境に適応できる資質」を意味し，「あらかじめ備えておくといった予測できる課題に対処するレディネスと，状況の変化によって適応を余儀なくされる予測のできない変化に対処するレディネス」とされる（Savickas, 1997）。今後，より流動的になるであろう日本社会において，自律的な進路意思決定を行なっていくうえで「キャリア・アダプタビリティ」の育成は非常に重要であると考えられる。

このキャリア・アダプタビリティには4側面が想定されている。すなわち，①自分の将来のキャリアに対して「関心」をもち，②将来のキャリアについての「コントロール」力を高め，③自己の可能性を探究する「好奇心」をもち，④自分の大きな志を追求する「自信」を強めることで，自律的な進路意思決定が可能となる（Savickas, 2002）。また，キャリア・アダプタビリティの発達過程としては，「関心」「コントロール」「好奇心」「自信」の順に発達することが想定されており（Savickas, 2005），実際に「関心」「コントロール」の側面を「好奇心」「自信」の側面よりも事前に形成している学生ほど進路成熟度が高いことが示されている（杉本，2015b）。
　したがって，大学卒業後に向けて自律的な進路意思決定を促すために，「関心」「コントロール」「好奇心」「自信」を形成しておくこと，とりわけ進路選択が始まる前の大学1年次から3年次にかけて「関心」「コントロール」を最低限形成しておくことが求められる。

■ 7-2　ワークシート作成時の配慮とワークシートの構成

1）ワークシート作成時の配慮

　「社会人基礎知識」では，自分の将来像を考えていくが，そもそも今の生活にばかり目を向けて自分の今後のキャリアに関心をもとうともしない学生や，働くことはもちろん大学卒業後の生活をイメージすることができず自分の今後のキャリアに関心をもつことができない学生の存在が考えられた。今後のキャリアに関心をもとうとしない学生は，将来について考えると漠然とした不安をもちポジティブな将来イメージをもてず，将来から目を背けがちになる。また，今後のキャリアについて関心をもつことができない学生は，将来について考えてはみるものの，具体的に何を考えたらよいかがわからなかったり，学業と仕事に関連性を見出せなかったりすることで，具体的な生活をイメージすることに困難を抱える。そこで授業のなかでは，ポジティブかつ具体的な将来イメージをもつことで，キャリアに対する関心を高めるためのワークシートを作成することにした。
　なお，このワークシートでは，働くことの役割に限定せず，職業社会への移行を考えていくことができるように配慮した。多くの大学生は，それまで働くことの役割を主としてきた経験がない。だからこそ，働くことの役割を中心にして大学卒業後の生活を想像することが難しい。しかし，家庭や地域，社会における役割であればいくらか経験があるため想像しやすくなる。そこで，ハンセン（Hansen, 1997, 2001）が人生における役割の統合性や全体性を強調して提唱した統合的人生設計

（Integrative Life Planning：ILP）という概念を援用することとした。この概念の構成要素は，仕事（Labor），学習（Learning），余暇（Leisure），愛（Love）の四つの人生役割（4Ls）に加えて，市民性（Citizenship）の人生役割が想定されている（Hansen, 2001）。これらの多様な人生役割から将来像を考えることによって，将来を想像しやすくなるだけでなく，具体的なイメージをもちやすくなる。

　また，ワークシートの回答形式については，できるかぎり自由度を制限した。これまでのキャリア教育・支援で用いられるワークシートは，自由記述の回答形式を採用するなど比較的自由度の高いものが作成される傾向にあった。しかし，自分の将来を十分に考えたことがない学生には，回答が非常に困難となる。また，自由度が高いため，教員の教授法によって，学生の回答内容に大きく差がみられる可能性も大きい。「社会人基礎知識」のように，多くの学生が受講することを想定し，同じ教育目標を掲げつつもさまざまな教員が担当する授業の場合，教員の教授法による差を小さくするためにも，自由度を制限するという配慮は必要であると考えられた。

2）ワークシートの構成

　まず，メインテーマの「自分の将来像を具体的に考えること」に取り組むことができるよう，多様な人生役割を想定し，就職や結婚，育児，住居，自動車の購入，趣味，老後の生活など具体的なライフイベントを取り上げ，そうしたイベントでの自分の選択を検討するワークシートを構成した。学生にとって，10年後・20年後の将来像を想像することは困難でも，具体的なライフイベントを想定して，自分の望む選択を検討することは可能であると考えられた。

　なお，そもそもキャリア教育は社会的・職業的自立に向けたものであるにもかかわらず，これまで勤労観・職業観の形成が重視され，社会的・職業的自立という視点は軽視されてきた（中央教育審議会, 2011）。そのため，「フリーター」として生活することの理解が不十分なまま，安易に「フリーター」を選択する学生も少なからずいる。たとえ「フリーター」を選択するにせよ，少しでもその選択について自立という視点から理解を深めることができるよう，学生の誰もが想像しやすい「お金」という題材を取り入れ，ワークシートを作成した。

　ただし，「お金」という題材は，否応なく現実を突きつけるため，ともすればワークシートに対するネガティブな感情が生起し，授業での取り組みが消極的になる可能性も十分に考えられた。そこで，授業への積極的な取り組みを引き出すべく，ポジティブな感情を生起させ，キャリアに対する関心を高める下準備として，自分に

とって幸せな生活を思い浮かべてもらうワークシートも作成することとした。なお，この導入のためのワークシートでも「4Ls」を援用した。また，受講生が思い浮かべる幸せな生活は個人によって大きく異なることが予想されたため，ある程度自由度を担保しておくと同時に，自由度が高いと回答できない学生が容易に回答できるよう，具体的な質問も準備した。

その結果，作成されたのがワークシート1（図2-10）とワークシート2（図2-11）である。ワークシート1を導入として用いることで，自分の人生や授業に対する興味や価値を引き出し，授業に対するモチベーションを高めつつ，具体的に自身の将来像を考える際にはワークシート2を用いることとした。

■ 7-3　授業の進め方

1）前回授業の振り返りとフィードバック（5分）

前回の授業で受講生は，就職活動に対する心構えや業種・職種についての理解を深めている。そこで，前回のコメントシートに書かれた学生の感想を参照しながら，

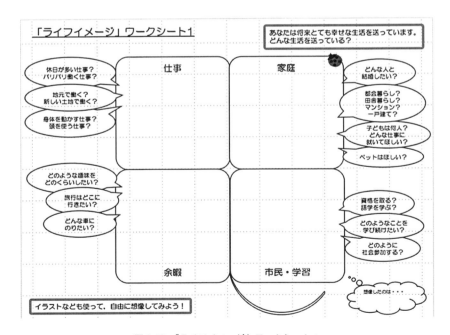

図2-10　「ライフイメージ」ワークシート1

02　キャリア教育課程の新設およびキャリア教育科目の開発・実施とその効果

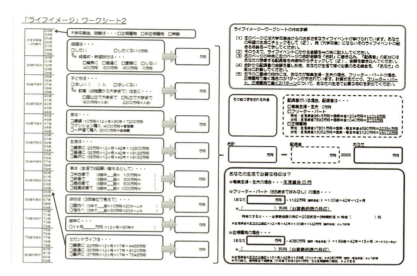

図2-11　「ライフイメージ」ワークシート2

現実的に就職活動を行なっていくためには，将来について関心をもって自分の人生は自分で選択していくことが非常に重要となることをフィードバックする。そして，就職活動を行ううえで将来について考えていく際，働くことにのみ関心をもち，就職活動の方向性，ひいては人生における選択を決定することができれば，大学卒業後の人生は充実したものになるだろうかという発問をする。こうした前回からのフィードバックや発問を用いて，第6回授業のテーマの導入としていく。

2）グループ内でのアイスブレイク（10分）
　あらたなグループになって間もないため，二者関係構築のためのアイスブレイクをグループメンバー全員と1回ずつペアになるように行う。今回のテーマについて，最終的にこのグループメンバーで行なっていくことを意識化し，方向づけを行う。

3）レクチャー（15分）
　授業の初回から一貫して，生まれてから死ぬまでの人生を時間の経過のなかで位置づけ，人生の有限性を意識化させつつ，自分の過去を振り返ったり，大学生活を意味づけたりと，「社会人基礎知識」では自分の人生を時間軸のなかでとらえる観点を提供してきた。また，第6回の前々回からは働くことの意味や具体的な職業につ

59

いての理解を深めている。しかし，大学卒業後につづくキャリアの人生役割として働くことのみを取り上げてきたため，働くこと以外の人生役割について授業のなかで考えてきた学生は少ない。

そこで，大学卒業後の人生として残された時間は有限であることをこれまでと同様説明したうえで，大学卒業後の人生役割は仕事のみならず多様であることを説明する。その際に，ハンセンの「4Ls」を概説して，仕事以外にも，家庭や余暇，市民などの人生役割が大学卒業後の人生を豊かにすることを説明する。そして，「ライフイメージ」ワークシート１（図2-10 ☞ p.58）の説明へとつなげていく。

4）個人ワーク（ワークシート１：10分，ワークシート２：15分）

「ライフイメージ」ワークシート１の個人ワークについては，①大学卒業後のこれからの自分の人生について考えてもらうこと，②その際，自分にとって幸せな生活を想定すること，③思い浮かんだことを自由にたくさん記述すること，④あまり思い浮かばない人はワークシートに書かれている質問に答えたり，それを発展させたりして回答すること，を説明する。それから，個人ワークに移るが，これらの説明を作業中に随時伝えながら，机間巡視を行う。できるかぎり多くの自由記述を求めるが，早めに書き終わる学生がグループ内に２名以上いる場合は，その学生同士で共有させて，自分が回答していないトピックがある場合，書き足すように促す。

こうした導入を踏まえ，「ライフイメージ」ワークシート２（図2-11 ☞ p.59）の個人ワークに入る。「ライフイメージ」ワークシート１をだいたい書き終えたことを確認したあと，「ライフイメージ」ワークシート２については，シートに書かれているとおり，①ワークシート１で想定した大学卒業後の幸せな将来と近い将来をワークシート２にあげられているライフイベントから選択し，そのライフイベントの起きる年齢に矢印で線を引くこと，②選択したライフイベントにかかる金額を記入すること，③ライフイベントにかかる合計金額を算出して書き込み，配偶者がいることを想定している場合は配偶者の生涯賃金タイプを選んで書き込むこと，④これらを差し引き，自分が必要とする生涯賃金を計算すること，⑤最後に自分が，専業主婦／主夫の場合，フリーター・パートの場合，正規雇用で働く場合の３パターンを想定し，フリーター・パート，正規雇用で働く２パターンについては，自分の生活で必要な月収を算出すること，を説明する。それから，個人ワークに移ってもらい，机間巡視をしながら質問に応答する。早めに書き終えた学生がいた場合は，ワークシートを見返して，自分の人生で重視したいことをその理由とともに考えるよう促

5）グループワークとクラスシェア（25分）
　クラス全員が個人ワークを終えたら，グループワークへと移行する。グループワークでは，ワークシート2のみを用いて，自分にとっての幸せな生活を反映した大学卒業後のライフイベントの選択や自分に必要な生涯賃金・月収などをもとに，自分の理想とする将来像について発表していく。まず，グループの中心に体を向けることで，グループワークの態勢づくりを行う。そのうえで，発表の起点を教員から指定し（教卓に向かって左前の人など），時計回りに自分のワークシート2を見せながら2分間で説明していく。発表を聞くメンバーには，自分と似ているところや違うところに注目するように伝え，発表を聞いた後に一人一つは質問するよう指示する。それにより，発表者はさまざまな観点からのフィードバックを受けることとなり，自分に対する気づきが深まる。また，グループメンバーは幸せな生活といっても個人差があること，また，選択しなかった他者の幸せな生活を自分にあてはめて検討することもできる。3分が経過するごとに，発表と質疑応答を区切るための声がけをし，次のメンバーの発表に移っていく。その際，発表者に対して拍手をすることで，次のメンバーへの切り替えを促す。
　グループワークが終わったことを見計らい，クラスシェアを行なっていく。グループの異なる学生を2,3人ランダムにあて，グループワークで共有した内容やその内容に対する感想，ワークを体験した感想などを発表してもらう。これらの発表に対しては，学生の「幸せな生活」観の多様さを受容しつつ，将来に関心を向けることの大切さ，また，将来を自分で選択していく重要さなどを教員からフィードバックしながら，第6回授業の総括を行なっていく。

　6）コメントシートへの記入と今後の展開（10分）
　クラスシェア，さらには授業の総括を終えたら，授業の最後でコメントシートを用いて第6回授業の内容を明文化させる。具体的には，自分の将来像を考えて，また，グループメンバーの将来像の話を聞いて，印象に残ったことや疑問に残ったこと，驚いたことについて，また，自分の人生で何に価値を置いていると感じたかについてなどを記述するよう求めた。さらに，教育効果を確認するため，既述の授業アンケートへの回答も求めた。
　また，今回の授業の復習と次回の授業の予習をかねて，授業で用いたワークシー

トを持ち帰り，親密な他者（家族や友人，恋人など）に取り組んでもらい，自分と比較することとした。その際には，取り組んでもらった他者の理想の生活をもとに，その他者が生活のなかで何に価値をおいているのかを積極的に聴き出してくることを課題として求めた。

■ 7-4　学生からの反応

　授業アンケートの結果は既述のとおりであるため，ここではコメントシートをとおして第6回授業を受講した学生の反応をみていく。表2-3には，意味内容でまとめた感想のカテゴリーと例を示す。なお，感想例について個人情報の記載が一部にみられたため，その場合は意味内容を損なわないように若干改変した。

　第6回授業の主要な教育目標は，キャリア・アダプタビリティの形成であったが，実際に，キャリア・アダプタビリティの「関心」や「コントロール」の形成が促されたことが示された。すなわち，学生は今回の授業を受けることによって，将来に目を向け自分のキャリアに関心をもち，そうしたキャリアに向けて計画を立て，自分が選択可能かを判断するなど，キャリアに対するコントロール力を高めている。また，将来を具体的に考えることで自分の現状に気づき，将来に向けて実際に行動していこうとする意欲まで高まることが示された。

　さらに，グループワークを行うことによって，自分とは異なる他者の価値観にふれる機会となり，人生で重視する役割や価値観が多様であることに気づくことが示された。こうした気づきや他者との比較のなかで自分に焦点があてられ，自分がどんな役割や価値観を重視しているのかを考えるに至り，自分が将来重視したい役割や価値観の明確化が促されると考えられる。

　そのほかにも，第6回授業で用いたワークシートは，「お金」という現実的な題材を取り入れたことにより，自分の生活にお金が関わってくることの理解や，正規雇用と非正規雇用で働くことの違いにまで目が向き，自身の就職活動や就職を充実させる意欲を促していることもうかがえた。これは，第4・5回の授業で働くことの意味や職業を選択することの重要性について考えたことも大きく影響しており，自分が大学卒業後に就職することの意味を考えながら，この後つづく「社会人基礎知識」の授業へのコミットメントを促すと考えられる。

表 2-3 第 6 回授業を受けた学生の感想例

● キャリア・アダプタビリティ〈関心〉の形成
- 頭の中で漠然と思っていたことを紙に書くことで,将来のことをよりはっきりと意識できた。
- あまり将来の事は考えたくありませんでしたが,これを期にもう少し将来について考えてみようと思った。そして今を頑張ろうとも思った。
- 自分の将来像はまだ考えたことがなかったので良い機会になった。まだ自分の将来はぼんやりとしか見えてないと分かった。
- 実際に自分の将来を考えたとき,職業などはすぐにかけたけど,子供の人数やどんな人と結婚したいかなどはとても悩んだ。
- こんな仕事が良いとか,こんな家庭が良いとか,具体的に思い浮かべることができた。けど,その為には今どうすればいいのかが分からない。

● キャリア・アダプタビリティ〈コントロール〉の形成
- 人っていつ何が起こるかわからないけど人生計画は大切だと思った。
- 自分が稼いで幸せな家庭を築けることが分かった。

● 自分の現状に対する気づきと今後の展望
- 正直まだ希望している状態の将来像しか描けなかった。現実的な視野で将来設計図をかけるようにしていきたい。
- 将来は考えれば考えるほど夢があったし,こうなりたいと思うから,行動しようと思えた。
- 結婚すれば必ず良い訳ではないというところが残酷だった。これからは将来のためにもっと自分に投資していかなければならない。自分のためになることは今のうちにしておきたい。
- 今できることをやっておく事が幸せな将来につながると思いました。

● 多様な役割・価値観に対する気づき,自分の価値観の明確化
- 一人ひとりが違う将来像を持っていて同じ人がいなかったことに驚きました。
- 仕事に価値を置いていると感じた。退職まで続ける仕事だから,楽しく長く続けられる仕事をしたい。
- 家族との時間に価値があると思う。自分は親にたくさんのものをもらってきた。今度はそれを子供に渡さなければならない。それで自分の理想に育ってくれたらこんなにうれしいことはない。
- 専業主婦になってもらいたいといって人の稼がなければいけない額に驚いた。
- 結婚をしないと決めているひとがいて驚いたり,女の人は皆海外旅行へ毎年行きたいと話す人が多く驚きました。
- 自分は趣味に価値をおいた。車はかなりお金がかかるのでやめたくなった。
- 自分だけの時間をいかに用意できるかに価値を置いている。自分は昔から趣味に費やす時間が多かったので,大人になってもこの時間をできるだけ作りたいと思っている。
- 人生を楽しむ,せっかくこの世に生まれたんだから楽しんでおきたい。
- お金に価値を置いている。お金があればある程度のことはできると考えているから。

● 生活にはお金が関わってくるという理解
- 自分のしたいようにするとこんなにお金がかかるんだと思った。
- 自分に必要な年収を知って,いつも親からなんでもやらしてもらっていて自分にかかるお金を大体でしか知らなく,親の在り方が印象に残った。
- お金が全てじゃない。

● 正規雇用・非正規雇用で働くことに対する認識
- 正社員の良さが分かった。
- 家が一番高いと思っていたけど意外と子供を育てることにはお金がかかるんだと感じた。パートやフリーターだと時給にすると無理だと感じたけど正規雇用だったらすぐそうだと思った。
- なかなかこのような事を考える時間がないので,とてもためになった。実際,フリーターのほうが儲かると思っていた。

● 自身の就職活動・就職に対する意識向上
- 将来像を考えて,思ったより高く感じ,これらにまだ +α の支出があるだろうと考えると就活について真剣に考えなければならないと思った。
- 今日の授業で一生のうちでどれほどのお金がかかるのかということが分かりしっかり就職しなければいけないと思った。

第8節　おわりに

　本章では，中部大学におけるキャリア教育課程の新設と，大学2年生以上を対象に開発された全学共通教育のキャリア教育科目である「社会人基礎知識」の実践とその教育効果について紹介した。授業についてさまざまな観点から教育効果を検討した結果，キャリア意識の形成のみならず学業への取り組みや進路意思決定過程などへの教育効果がみられ，短期的にも長期的にも教育効果を十分に有するキャリア教育科目が開発されたものと考えられる。

　ただし，1年次に単位を十分に取得しておらず，この授業に積極的に取り組まない学生については，学業への取り組みや進路意思決定過程においても，十分な教育効果が得られたとはいいがたい。大学教育における「キャリア・ガイダンスの義務化」によって，現在，ほとんどの大学でキャリア教育科目が設置されている。すなわち，大学におけるキャリア教育システムのなかで「何を」「いつ」「どこで」教えるかという，システム導入のハード面ともいえるシステムの構築については十分に行われてきている。しかし，「どれを」「誰が」「どのように」教えるかという，システム導入のソフト面ともいえるシステムの運用については整備充実の必要があるだろう。本授業のように，授業の教育効果を検証することは，システムの運用を検討するうえで非常に重要である。今後は，教育効果が十分に得られていない学生に対して，なぜ教育効果が得られないのか授業内容を精査し，そうした学生にも十分な教育効果が得られる授業づくりを行なっていくことが課題としてあげられる。

●引用・参考文献

石毛　弓（2010）.「2年次教育が果たすべき役割とは何か」『大手前大学CELL教育論集』*2*, 23-30.

菊池重雄（2010）.「初年次教育を基盤とした学士課程教育の構築――玉川大学における初年次・二年次教育の展開」『大学と学生』*80*, 31-39.

京都産業大学教育支援研究開発センターF工房（2012）.「キャンパスで使える！　アイスブレイク集」〈https://www.kyoto-su.ac.jp/features/f/action/ahcetq00000010ni-att/icebreak.pdf（最終確認日：2019年4月8日）〉

杉本英晴（2015a）.「大学生の進路意思決定遅延メカニズムの解明――就職イメージを中心概念としたモデルの構築」（名古屋大学大学院教育発達科学研究科博士論文（未公刊））

杉本英晴（2015b）.「キャリア・アダプタビリティの発達過程――就職イメージ類型の発

達的特徴との比較検討」『日本発達心理学会第 26 回大会発表論文集』, 7-13.
杉本英晴・佐藤友美・寺澤朝子 (2016).「キャリア教育科目「社会人基礎知識」の長期的教育効果――進路意思決定・学業への取り組みからの検討」『中部大学教育研究』 *16*, 25-31.
中央教育審議会 (2008).「学士課程教育の構築に向けて（答申）」〈http://www.mext.go.jp/component/b_menu/shingi/toushin/__icsFiles/afieldfile/2008/12/26/1217067_001.pdf（最終確認日：2019 年 4 月 8 日）〉
中央教育審議会 (2011).「今後の学校におけるキャリア教育・職業教育の在り方について（答申）」〈http://www.mext.go.jp/component/b_menu/shingi/toushin/__icsFiles/afieldfile/2011/02/01/1301878_1_1.pdf（最終確認日：2019 年 4 月 8 日）〉
Granovetter, M. (1973). The strength of weak ties. *American Journal of Sociology*, *78*(6), 1360-1380.
Granovetter, M. (1995). *Getting a job: A study of contacts and careers*. Chicago, IL: University of Chicago Press.
Hansen, L. S. (1997). *Integrative life planning: Critical tasks for career development and changing life patterns*. San Francisco, CA: Jossey-Bass.
Hansen, L. S. (2001). Integrating work, family, and community through holistic life planning. *The Career Development Quarterly*, *49*(3), 261-274.
Savickas, M. L. (1997). Career adaptability: An integrative construct for life-span, life-space theory. *The career development quarterly*, *45*(3), 247-259.
Savickas, M. L. (2002). Career construction: A developmental theory of vocational behavior. In D. Brown, & Associates [eds.], *Career choice and development* (4th ed.). San Francisco, CA: Jossey-Bass, pp.149-205.
Savickas, M. L. (2005). The theory and practice of career construction. In S. D. Brown, & R. W. Lent [eds.], *Career development and counseling: Putting theory and research to work*, Hoboken, NJ: John Wiley, pp.42-70.
Savickas, M. L., & Porfeli, E. J. (2011). Revision of the career maturity inventory: The adaptability form. *Journal of Career Assessment*, *19*(4), 355-374.

第1部　教養・総合科目型キャリア教育科目

◆キャリア教育課程の新設およびキャリア教育科目の開発・実施とその効果
杉本英晴先生への意見

　ここで紹介された中部大学キャリア教育科目「社会人基礎知識」は，大学をあげて開発されたキャリア教育科目の一つであり，体系化された大学4年間のキャリア教育プログラムのなかで2年次に位置づけられている授業である。大学生の多様化という時代への対応に加え，学内改組というタイミングで各学科から持ち寄られた学生のキャリアに関する問題意識を共有したうえで授業内容が選定された学科共通のキャリア教育科目である。その教育効果についても，さまざまな指標による効果測定，さまざまな角度からの効果検証がなされており，課題は残されているものの，キャリア教育科目の効果検証に関する挑戦的な試みであるといえよう。

【ここがスゴイ！】
1. 複数教員による授業担当で全学展開！：持続可能性と質保証
　一つめのスゴイ！は，複数の教員で授業を分担して全学的に展開している点である。特定の教員一人による授業担当には，負担の集中や当該教員の転出による科目継続困難リスクという問題がある。一方で，複数の教員による授業担当には，担当教員によって内容や成績評価にバラツキが出るというリスクがある。しかしながら中部大学の実践では年2回程度の授業担当者ミーティングによって「授業のねらいや教育目標，成績評価についてはできるかぎり統一しつつ，授業内容については担当教員の知識や経験など持ち味を生かす形で実施」を実現している。大学におけるキャリア教育科目の持続可能性と質保証という観点から注目に値するといえよう。

2. カリキュラム上の位置づけがスゴイ！：他科目や正課外との連動
　二つめのスゴイ！は，当該科目が，体系化された大学4年間のキャリア教育プログラムのなかにきちんと位置づいている点である。図2-2（☞ p.38）で示されているように1年次の初年次教育科目や3年次のインターンシップ，4年次のゼミ指導との接続が考慮され，もう一つのキャリア教育科目や正課外の教育・支援との連携が図られている。そのうえで，中部大学のキャリア教育の理念や全学科で共有された学生のキャリアに関する共通した課題などが勘案された授業内容となっている。大学におけるキャリア教育科目の体系化と正課・正課外の連動という観点から参考になるといえよう。

【ここが論点！】

1. 縦断的な分析について

　当該科目は 2 年次に履修されることを想定された授業であり，効果検証において 1 年次の単位取得状況，3 年次以降の就職ガイダンス参加状況，卒業 4 年時の単位取得状況と紐づけて縦断的な分析がなされている。さらに，当該科目の成績が優良（S/A 評価）だった群とそれ以外（B/C/E 評価）だった群に分けて分析している。これらの縦断的な分析は非常に挑戦的でほかのキャリア教育科目の効果検証にも参考になる点が多分に含まれている。ただし，授業の成績評価がどのような項目・基準で行われたかが記載されていないので，成績が優良だった（S/A 評価だった）ことが具体的に何を意味するのか（受講態度のよさと同義なのか）あいまいである。また，単位取得数はたしかに卒業するために重要であるが，当該授業の目的や担当教員のねらいは単位取得数を超えたところにあると思われるので，より適切な指標で教育効果をつぶさにみていくことが重要であろう。GPA や進路に対する満足度など，その他の指標による縦断的な効果検証が今後なされることを期待したい。さらに，卒業後の追跡調査で長期的な教育効果まで検討できたら画期的である。ぜひとも卒業生調査を実施してキャリア教育科目の中長期的な効果検証のモデルとなることを期待したい。

2. 横断的な分析について

　「卒業前調査からみた大学適応と進路意思決定過程に関する効果検証」（☞ pp.51–54）においては「社会人基礎知識」全クラスのデータが使われているが，「授業アンケートからみたキャリア意識の効果検証」（☞ p.47–48）と「授業の最終レポート課題からみた教育目標の効果検証」（☞ pp.48–50）においては 1 クラス分のデータしか使われていない。担当教員によって授業内容が異なるので，授業内容の効果検証を授業アンケートと最終レポートで行うなら特定のクラスに焦点化したほうがよいことは理解できる。しかしながら，複数教員で同一名称の科目を複数クラス開講する場合，クラス間で教育効果に差がないことを検証することも重要である。担当教員が違っても教育効果は一定であり，さらに当該科目の履修の有無が 3 年次以降や卒業時の行動や意識に影響を及ぼすことが示されたら，必修科目として全学展開に踏み切るエビデンスにもなりうるのではないだろうか。また，学科の異なる科目担当教員同士の議論も生じるため，同一科目をきっかけとした学科横断的 FD にもなることが期待される。今後の展開に期待したい。

［コメント：家島明彦］

三保紀裕

初年次を対象としたキャリア科目の実践と評価

第1部　教養・総合科目型キャリア教育科目

◆共通シート：初年次を対象としたキャリア科目の実践と評価

開講年次	開講年次							
1年前期	1年後期	2年前期	2年後期	3年前期	3年後期	4年前期	4年後期	卒業

大学（学部）	科目名	必修科目／選択科目
京都学園大学（現京都先端科学大学）	キャリアデザインA・B	Aは必修，Bは登録必要科目（自動登録科目）

カリキュラム上の位置づけ	授業回数	複数科目の連動
全学共通科目	A・Bともにそれぞれ各15回	あり
授業規模（履修登録人数）		
D. 100人以上		

科目担当教員数	科目担当教員属性内訳	教員ミーティング
7名（2016年現在）	専任教員4名（学部専任1名・センターなど3名）非常勤3名	あり不定期

授業の主なねらい

《キャリアデザインA》
①主体的に学んでいくために必要となる基本的な姿勢をもつことができる
②他者との良好な関わり方をもつことができる
③他者と協働するために必要な基礎力を獲得することができる

《キャリアデザインB》
①課題達成のために協働する力を身につけることができる
②進路選択において重要となる自己理解・社会理解を促進させることができる
③目標をもって大学生活をデザインすることができる

授業スタイル（講義主体，グループワーク主体，外部講師講演主体など）

【グループワーク主体】
・グループワーク，ペアワークが主体
・グループは固定ではなく，授業回ごとにランダムに振り分け
・全学共通科目（必修）のため，1クラスの人数は40-50名としている

プログラムの評価

【授業ごと，授業実施中の評価】
・毎回授業終了時提出させる「振り返りシート」のコメントを用いた質的データによる評価
【授業実施後の評価】
・提出課題による評価（評価基準については，教員間でルーブリックを共有して統一性を図った）

効果検証

・授業開始直後に行うPre調査と授業終了時に行うPost調査の比較
・前期Pre-Post調査と後期終了時に行う調査をつなげた3波データでの比較

第1節　はじめに

本章は，初年次を対象としたキャリア科目の開発と実践，そして評価についての一連のプロセスを紹介するものである。「キャリア科目」や「キャリア教育」という言葉を聞くと，一般的にはどうしても3, 4年生向けという印象をもたれることが多い。そのようななか，筆者が所属している京都学園大学（現京都先端科学大学）では，初年次を対象としたキャリア科目が設置されている。本章では科目設置の背景などを踏まえながら，具体的な授業設計や実践，そして評価（効果測定）をとおしてみることができた実践上の課題について紹介することにしたい。

第2節　授業の背景・経緯

■ 2-1　授業開設の背景

まずはじめに，京都学園大学の基本情報を簡単に説明しておくことにしたい。この大学は4学部10学科2キャンパス（京都太秦キャンパス，京都亀岡キャンパス）を有する中小規模の私立大学である（2016年4月現在）。2015年4月に学部改組と新キャンパス開設（京都太秦キャンパス開設）を行い，現在の体制となっている。それまでは5学部10学科1キャンパス体制であった。

本章で紹介する科目は「キャリアデザインA・B」の2科目である。初年次向けの科目として設置されたものであり，Aは前期，Bは後期に配当されている。これらの科目が設置された背景には二つの理由があった。一つは上述した学部改組および新キャンパス開設に伴うカリキュラム改革，そしてもう一つは文部科学省「大学生の就業力育成支援事業」（就業力GP）採択に伴うキャリア教育の推進である。正確には，就業力GP採択と連動したカリキュラム改革の流れがあり，これに学部改組の動きが同時並行で起きたといってよい。どちらかといえば外的な要因によって科目設置が先行する形となり，科目の具体的な内容については一から設計を行なっていかねばならない状況にあった。

図3-1に示すのは，カリキュラム改革の過程において「キャリア教育科目」として設定された科目の類型および配当年次を整理した概略図である。下段に示されているのは，「キャリア教育科目」として設定されている科目のうち，必修および自動登録科目として位置づけられている科目である。つまり，「キャリアデザインA・B」「スタートアップゼミA・B」「実践プロジェクトA・B」の6科目は全学部学生

第1部 教養・総合科目型キャリア教育科目

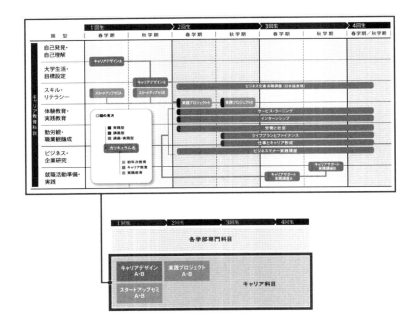

図 3-1 「キャリア教育科目」として設定された科目の概略図

が受講することになる科目として設定されているわけである。そのため，初年次向けのキャリア教育としての科目設計が求められていた。

■ 2-2 プログラムの着想とその背景

上述のとおり，「キャリアデザインA・B」は初年次教育としての要素が求められるキャリア科目である。初年次教育とは，「「高等学校や他大学からの円滑な移行を図り，学習及び人格的な成長に向け，大学での学問的・社会的な諸経験を成功させるべく，主に新入生を対象に総合的につくられた教育プログラム」あるいは「初年次学生が大学生になることを支援するプログラム」」と定義されている（中央教育審議会，2008：35）。初年次教育は大きく分けて，二つのタイプに分類することができる。一つは大学生活に必要なスキルの習得，すなわち自律的な学習の基盤を構成するスキルの獲得を目的とした「基礎学力・ITリテラシー系」（スキル型），そしてもう一つは学生が自らモチベーションを高めていくことを目的とした「学習目的・意

欲，アイデンティティ系」（モチベーション型）と呼ばれるものである（岩井, 2003；杉原, 2004）。京都学園大学の授業科目で初年次教育としての役割を担っているのは「スタートアップゼミＡ・Ｂ」であるが，これらの科目はどちらかといえば「基礎学力・ITリテラシー系」（スキル型）に該当する科目であった。

　中央教育審議会によれば，キャリア教育は「一人一人の社会的・職業的自立に向け，必要な基盤となる能力や態度を育てることを通して，キャリア発達を促す教育」と定義されており，「特定の活動や指導方法に限定されるものではなく，様々な教育活動を通して実践される」と併せて記述されている（中央教育審議会, 2011：17）。図3-1にも示したとおり，京都学園大学でもさまざまな形でキャリア教育が展開されているなかで，「キャリアデザインＡ・Ｂ」はその最初に位置している。1年生はキャリア発達課題として，自らの将来と専攻などを照らし合わせ，4年間の大学生活の目標を明確にする時期であるとの指摘（松井・清水, 2008）もなされている。京都学園大学で設置されている初年次教育が「基礎学力・ITリテラシー系」（スキル型）である点からも，それとの棲み分けを考えると，初年次教育の区分でみれば「学習目的・意欲，アイデンティティ系」（モチベーション型）に該当するような設計が望ましいといえよう。一方で京都学園大学独自の課題として問題視されていたのは，在籍学生の特徴として「学びへの積極的姿勢に欠ける」（自信の欠如）ことや「他者と協働する姿勢・態度が不十分」な点であった。これらの点は大学への学びに対する適応や社会的・職業的自立を考えるうえでは重要な課題であり，これらへの寄与も求められていた。以上を踏まえ，前期科目である「キャリアデザインＡ」では大学生活への初期適応を考えるうえで，目的意識の醸成よりも他者との良好な関係性を築く基礎の育成に力点を置いた設計とした。そして後期科目の「キャリアデザインＢ」は「キャリアデザインＡ」を踏まえたうえで，目的意識の醸成，自己理解・社会理解の促進に力点を置くことにした。

第3節　カリキュラム上の位置づけ

■ 3-1　対象年次

　「キャリアデザインＡ・Ｂ」ともに初年次を対象とした科目である。「キャリアデザインＡ」は前期に設定された必修科目，「キャリアデザインＢ」は後期に設定された自動登録科目である。自動登録科目は必修科目ではないが学生の時間割に自動登録される科目であり，必修に次いで重要性が高い科目として位置づけられている。

第1部　教養・総合科目型キャリア教育科目

図3-2　授業ミーティングの状況

■ 3-2　授業規模・特徴

全学部全学科を対象としているため、対象学生は京都学園大学の全1回生となる。当然、1クラスのみで対応できるものではないため、複数教員で複数クラスを担当している。1クラスの構成人数は40–50人程度であり、例年6，7名の教員でこれを実施している。「キャリアデザインA・B」はAとBが連動した設計になっているため、前期で担当したクラスを後期でも受け持つ仕組みにした。そして、授業の質を担保するために担当教員間でミーティングを行い（図3-2），授業設計および運営に関する情報共有・フィードバックを適宜実施してきた。

第4節　授業のねらい

■ 4-1　授業の主なねらい

前述のとおり、初年次向けのキャリア教育という位置づけに加え、ほかの科目との棲み分け、そして京都学園大学の学生に特有の特徴などを鑑み、以下に示す形で各科目のねらいを設定した。

《キャリアデザインA》
学生の居場所づくりを行い、他者との良好な関係性、協働する姿勢を獲得することによって学生の自信をつけ、主体的な学びの基礎を構築する。

> 《キャリアデザイン B》
> 円滑な職業選択を行ううえで必要となる自己理解・社会理解に関わる情報を提供することにより，これらの理解促進に加え，目標をもって大学生活をデザインできるようにする。

■ 4-2 授業がねらう主なミッション

これらの科目が目指すところは上述のとおりであるが，図 3-1 (☞ p.72) に示したように，必修および自動登録科目として設定されている科目に「キャリアデザイン A・B」「スタートアップゼミ A・B」「実践プロジェクト A・B」がある。このうち，「実践プロジェクト A・B」は 2 年生向けに設置された科目であり，学外で活動する Project-Based-Learning（PBL）形式の科目である。この科目は授業外での活動や外部の人と接する機会が多い科目であるため，他者との良好な関係性，協働する姿勢を獲得していることが必須条件となる。このことからも，2 年生以降の科目で求められる要素を「キャリアデザイン A・B」で身につけていくことが潜在的なねらいとして置かれていた。

第 5 節　授業内容・運営

■ 5-1 授業内容と構成

「キャリアデザイン A・B」の授業内容を表 3-1 に示す。「キャリアデザイン A」は円滑な大学生活を送るうえでの基礎となる要素を軸に「仲間づくり」「コミュニケーション」「チームワーク」に関する内容で授業を構成している。これに対し，「キャリアデザイン B」は「自己理解」「社会理解」に関する内容で授業構成を行なっている。表 3-1 を見てもわかるとおり，従来ならではのキャリア科目らしい内容で構成されているのは「キャリアデザイン B」であるといえよう。初年次向けであるため，就職活動に向けた方向づけではなく，学生を取りまく社会情勢などを理解するなかで，将来に向けて大学生活をどう過ごすかという形での方向づけを行なっている。「キャリアデザイン A」は大学生活への初期適応も含め，将来に向けて大学生活をどう過ごすかという点に関する基礎的な準備を行うという位置づけである。基本的にはグループワーク主体で授業を進めている。グループの組み方は固定制ではなく，授業回ごとにランダムに振り分けを行なっている。上記の形式をとるように

第1部　教養・総合科目型キャリア教育科目

表 3-1　キャリアデザイン A・B の授業タイトル一覧

講　時	キャリアデザイン A（前期）		キャリアデザイン B（後期）	
第 1 講	ガイダンス（授業概要の説明とアイスブレイク）	仲間づくり	ガイダンス（授業の進め方と汎用的能力の測定）	自己理解
第 2 講	自分を伝える（ウェビングを活用した自分らしさ探し）		変化曲線から見る自己理解（自分史による振り返り）	
第 3 講	他者を知る（共通項探し＆他己紹介）		性格を客観視しよう（現在の自分を知る）	
第 4 講	「人間力」を知る（汎用能力の必要性を知る）		人生における価値観を知ろう（自分のこだわりを考える (1)）	
第 5 講	「聴く」と「聞く」（プラスのストローク）	コミュニケーション	役割と社会生活（仕事への興味と役割への関与）	社会理解
第 6 講	積極的に「聴く」（アクティブリスニング）		課題解決のあり方を考える（課題解決ワーク）	
第 7 講	他者への配慮（アサーション）		働く意味を考えよう（事例検討 (1)）	
第 8 講	自他を尊重した自己表現（アサーション）		世の中の仕事を知ろう（仕事研究）	
第 9 講	円滑な意思疎通（情報伝達ワーク）		仕事に対する理解を共有しよう（キャリアインタビュー）	
第 10 講	議論の基礎を学ぶ（ブレインストーミング＆ KJ 法）	チームワーク	ブラック企業の実態を知ろう（事例検討 (2)）	
第 11 講	議論をまとめる（ディスカッション）		働く上での価値観を知ろう（自分のこだわりを考える (2)）	
第 12 講	機能的なチームを考える（チームでの役割と貢献）		社会を生き抜く上で大事なこととは？（ディスカッション）	
第 13 講	合意形成の図り方（合意形成ワーク）		先輩から知る「働くこと」のリアル（先輩体験談）	
第 14 講	チームでの成果と PDCA サイクル（チームで製作）		社会での働き方を再確認しよう（KJ 法＆ディスカッション）	
第 15 講	大学生活の主体的な活用法（大学生活の目標設定）		今後の大学生活を改めてデザインしよう（目標の再設定）	

なったのは2014年度からであり，授業内容の詳細に若干の変化はみられるものの，基本コンセプトは2014年度以降変わっていない。

　では，それぞれの科目の授業内容をみていくことにしたい。「キャリアデザインA」の第1講〜第4講の基本テーマは「仲間づくり」である。自己紹介や共通項探しなどのワークを通じて顔見知りを増やし，学生の孤立を防ごうというものである。ここで大学に進学した目的意識を再確認するほか，さまざまな学生と話をすることによって，現時点で感じている不安要素の軽減を図っている。例年，「知らない人ばかりで不安のほうが多かったが，顔見知りが増えていろいろな人と気楽に話ができるようになってよかった」といった主旨のコメントが頻出している。そして，第5講〜第9講のテーマは「コミュニケーション」である。ゼミをはじめとする授業では，学術的知識をベースとしたうえでさまざまな意見交換を行うなど，他者との意思疎通を図りながら物事を進めていくことが多々ある。このような場合における意思疎通のあり方の基本的な事柄を学ぶものである。具体的には，アサーションなどを実際に経験しながら学ぶ内容となっており，実際にワークを通じて理解を深める構成としている。最後に，第10講〜第14講は「チームワーク」が基本テーマであった。大学での授業はもちろんのこと，社会ではチーム単位で活動することが中心となる。実際にはKJ法などでさまざまな意見を取りまとめるほか，チーム単位での課題を課し，それに対する取り組み方や結果からチームで活動するうえで重要になることや自分自身に欠けている点などの理解を促す形をとっている。題材にはいずれも大学生活に関わりうるものを使用しており，各授業での経験がその後の大学生活，そして社会人生活に関わりうるものであることを適宜伝えながら授業を進めている。これらの経験などを踏まえ，最後の第15講では前期の振り返りを実施している。前期の授業内容全般を見直し，今後の大学生活をどう過ごしていきたいのかをあらためて見直す機会を設けて授業のまとめとしている。

　次に，「キャリアデザインB」についても同様にみていくことにする。第2講〜第5講では，テーマを「自己理解」と設定している。人生における価値観や性格（ここではBig Fiveを活用），そして自分史といった点から過去そして現在の自分を客観視することをねらいとしている。学生にとっては自分自身をこのような形で振り返る経験自体が少ないため，非常に新鮮な経験として例年受け止められている。そして，第7講〜第14講では「社会理解」をテーマとし，学生を取りまく職業社会の状況理解を深める内容で授業を構成している。たとえば第9講では「キャリアインタビュー」と称し，事前課題として身近な社会人へのインタビューを求め，それを発表

する形で，さまざまな社会人の姿を理解することができるようにしている。さらに，第13回では社会人のOB・OGを招き，仕事に関する体験談を語ってもらうことも併せて実施している。また，このほかにも第7講ではDVD教材（ここでは『NHKプロフェッショナル 仕事の流儀』を使用）を活用することによって，社会人が働く姿をより具体化できるように工夫している。このような形で将来への視野を広げたうえで，あらためて第15回にて大学生活における目標を再設定することによって，「キャリアデザインB」のまとめとしている。

■ 5-2 授業の実施・運営

全学必修・自動登録科目であり，なおかつグループワーク主体の授業設計であることから，1クラスの人数を40-50名程度とし，複数教員で一人あたり3，4クラス程度を担当する形で授業を実施している。現行の授業形式となった2014年度の担当教員数は5名，内訳は専任教員1名，嘱託講師1名，契約教授2名，非常勤講師1名であった。授業設計時点で，他大学などでキャリア教育の実践および授業設計などの経験がある者，あるいはキャリア教育に関する学術的専門知識を有する者のいずれか，という形で人員を集め，授業設計の初期段階から内容を協議して設計を行なってきた。

図3-3に示すのは授業の実施計画書の一例である。これを全授業分準備することによって，各授業のおおまかな流れなどを理解することができ，授業の質を担保するうえでも役立っていた。また，教材や評価基準，資料についてはすべて同じものを共有し，授業の質を担保できるよう努めている。現行形式となった2014年度については，授業終了後に全員が集まることができる機会があったため，毎週簡単な振り返りミーティングを実施し，次回に向けての内容の再確認を行なった。「キャリアデザインA・B」ともに，成績評価は「授業内で提示する課題」（発表・資料提出など），「レポート」によって行なっている。そのため，これらの評価に関するポイントなどについても情報共有することによって，よりよい授業運営に寄与する場とした。

なお，各クラスの構成についてであるが，これについては学部学科ごとのクラス編成となっている。理由は，ほかの必修科目との時間割の調整上，学部学科をランダムに分けることが困難であったことによる。時間割の配置については必修科目かつ複数教員で複数クラスを担当するという構造上，多少融通していただいている部分が大きいが，ランダムな振り分けについては物理的に難しいのが現状であった。

03　初年次を対象としたキャリア科目の実践と評価

```
キャリアデザインB（第3回）
授業タイトル：「性格を客観視しよう」
到達目標・狙い
  1. 性格について知ろう
  2. 様々な視点から自分の性格を客観視する
```

時間配分	内容	配布物
授業開始 （15分）	チームビルディング 前回のおさらい 　　　　　　　　　　　　　（15分）	名札用紙
Work （60分）	《私は誰？》 文章完成（Q1）（10分） カテゴリー化（Q2）（10分） 振り返り（Q3）（10分） 　　　　　　　　　　　　　（30分） 《Big Five》 Big Five の測定とまとめ 　　　　　　　　　　　　　（30分）	資料 3-1 資料 3-2 資料 3-3
振り返り （15分）	話のオチ： 「性格は行動パターン・考え方を知る1指標」 感想ペーパーの記入（15分） ［回収物］ 感想ペーパー・座席指定カード・名札 資料 3-2	感想ペーパー

図 3-3　授業の実施計画書

さまざまな学生がいたほうが，より異なる視点を得ることができると想定されるが，仕組み上やむをえない点であろう。

　以上のような形で，学内外のキャリア教育に造詣のある研究者・実務家教員を中心としたチームによって実施・運営を行なっている点に特徴がある。授業後のミーティングや設計段階からの関与がなされているため，教員間の共通認識のもとで授

79

業が行われているといってよいだろう。

第6節　プログラムの評価・効果測定

■ 6-1　実践を通じた教育効果をどうとらえるか

　ここで，あらためて各授業のねらいを再確認しておくことにしたい。プログラムの成否を評価するうえでは，授業設計や運営が円滑に行われているかどうかという点に加え，受講生の学習効果がどの程度得られたかという点についても目を向ける必要がある。

> 《キャリアデザインA》
> 学生の居場所づくりを行い，他者との良好な関係性，協働する姿勢を獲得することによって学生の自信をつけ，主体的な学びの基礎を構築する。
>
> 《キャリアデザインB》
> 円滑な職業選択を行ううえで必要となる自己理解・社会理解に関わる情報を提供することにより，これらの理解促進に加え，目標をもって大学生活をデザインできるようにする。

　これらの効果をとらえるうえで問題となるのは，何をもって授業実践を通じた効果とみなすかということである。ここでの最小単位は単一の授業科目であり，授業内で行なっていることとの関係から効果について考える，というのがスタンダードな方法であろう。このような場合に指標としてよく使用されるのが成績である。従来の学術的知識の修得を目的とした授業科目であれば，講義内容に関連した知識を問うテストやレポート課題などの得点が成績に直結すると同時に，高得点の取得率や得点の伸び率などを授業の効果としてみることができるだろう。しかし，「キャリアデザインA・B」は，たとえば「経済学」といった一連の学術的知識を体系的に習得していくような科目とはやや異なる性質をもっている。キャリア教育それ自体が「キャリア発達とそれに関連する諸能力の育成を主眼においた教育」（中央教育審議会, 2011）として展開されているものであるため，学術的知識の修得に加え，キャリア発達に資する諸能力の獲得が効果として求められることになる。「キャリアデザインA・B」もこれに該当するものであるため，成績評価についても「授業内

で提示する課題」（発表・資料提出など），「レポート」を判断材料とし，能力的側面の獲得状況を成績によって間接的にではあるが，可能な範囲で把握できるように工夫を行なっている。上述した授業ミーティングや教材，評価基準（簡単なルーブリック）の共有は，このような成績評価を支えるものでもあった。

　一方，成績とは異なる視点からも効果を考えることができよう。「キャリアデザインA・B」の効果を授業のねらいから考えてみると，それぞれ以下の形で示すことができる。

《キャリアデザインA》
・他者との良好な関係性，協働する姿勢の獲得
・他者との関係性を構築することに対する自信や肯定的評価

《キャリアデザインB》
・将来の進路選択に対する自信や肯定的評価

　「キャリアデザインA」の「他者との良好な関係性，協働する姿勢の獲得」については，授業に対する取り組み度などを成績に反映することにより，効果を間接的に把握できるようにしている。これに対し，「他者との関係性を構築することに対する自信や肯定的評価」，「キャリアデザインB」における「将来の進路選択に対する自信や肯定的評価」については，量的指標にもとづく効果測定によってこれを確認することができる。具体的には，プログラム実施のPre-Postによる比較である。授業開始時（Pre）と終了時（Post）に同一変数における測定を実施することにより，Pre-Postによる得点変化と，授業内で実施されている事柄との対応関係から，効果を確認するわけである。効果測定の手法にはPre-Postによる比較のほかに，プログラムを実施した群とそうでない群による比較も考えられる（梅崎・田澤, 2013）。しかし「キャリアデザインA・B」は全学必修および自動登録科目であることから，Pre-Postによる比較から効果の有無を検討することが適切であろう。そこで，成績評価と量的指標にもとづく測定（Pre-Post形式）の組み合わせから，教育効果とプログラムの評価について検討してみることにする。具体的には，(1) 前期科目，後期科目単体としての教育効果，(2) 前期科目における教育効果の継続性，の2点について検討を行う。前期科目の教育内容は「他者との良好な関係性，協働する姿勢の獲得」というねらいにも示されるように，キャリア発達に資する諸能力（汎用的能

力）の育成に該当しうるものである。そのため，効果の定着やさらなる成長が求められる点でもある。効果の継続性について検討を行なっている事例は比較的少なく，検討の余地があるといえよう。

■ 6-2　効果測定の実施（方法）

1）実施方法と調査対象

　前期科目と後期科目の受講生全員を対象とし，それぞれの授業内で Pre-Post 形式による調査を実施した（計4回調査を実施）。各科目における講義の第1講（Pre）と第15講（Post）にそれぞれ調査を行なった。前期科目の受講登録者数は 665 名であったが，前期科目の Pre-Post 調査双方に参加した学生は 449 名（男性 333 名，女性 116 名）であった。後期科目の受講登録者数は 656 名であり，後期科目の Pre-Post 調査双方に参加した学生は 461 名（男性 340 名，女性 121 名）であった。なお，前期科目における教育効果の定着については，前期科目の Pre-Post 調査に後期科目の Post 調査を加えた3時点調査における得点の変化からこれを検証する。3調査すべてに参加した学生は 373 名（男性 275 名，女性 96 名）であった。

2）測定変数

（1）コミュニケーションに対する自信　　前期科目におけるねらいや授業内容を踏まえ，「他者との関係性を構築することに対する自信や肯定的評価」をとらえるものとしてコミュニケーションをとることに対する自信の程度を測定した（9項目，4件法）。具体的には，「聴く」「伝える」の2側面をとらえるものであり，青木ら（2014）の社会人基礎力測定尺度を参考に作成したものである（前期科目 Pre-Post 調査，後期科目 Post 調査にて実施）。

（2）チームワークに対する肯定的評価　　チームでの取り組みに対する肯定的評価を示す項目である（4項目，4件法）。

（3）学びへの関与　　大学での学びに対する関心（肯定的評価）を問う項目である（前期科目 Pre-Post 調査，後期科目 Post 調査にて実施）。4項目4件法によって回答を求めた。

（4）将来の進路に関する意識　　後期科目におけるねらいや授業内容を踏まえ，

将来の進路選択に対する自信の程度を測定した（20 項目，4 件法）。花井（2008）のキャリア選択自己効力感尺度を参考に，「自己評価」「社会理解」「目標設定」「計画立案」に該当しうる項目をあらたに作成した（後期科目 Pre-Post 調査にて実施）。

■ 6-3 効果測定の分析結果

1)「キャリアデザイン A」における効果検証

Pre-Post 調査による得点変化の分析にあたり，共分散構造分析における潜在差得点モデル（LDS）（McArdle, 2001）を適用した。詳細について説明は割愛するが，より高い精度で得点変化を確認することができる手法である。「キャリアデザイン A」で実施した「コミュニケーションに対する自信」「チームワークに対する肯定的評価」「学びへの関与」を対象に分析を行なった結果，得点変化については以下に示すとおりとなった。

「コミュニケーションに対する自信」	⇒	<u>有意差あり（得点の上昇）</u>
「チームワークに対する肯定的評価」	⇒	有意差なし（変化なし）
「学びへの関与」	⇒	有意差なし（変化なし）

「コミュニケーションに対する自信」については，「聴く」「伝える」ともに有意な得点の変化（上昇）がみられる結果となった。そこで，「コミュニケーションに対する自信」を対象に，成績評価における「秀・優・良・可」別の分析を行なった（秀：103 名，優：151 名，良：115 名，可：60 名）。「キャリアデザイン A」の成績は，授業に対する真摯な取り組みの程度に比例する。そのため，授業による効果の程度は成績によって異なると考えられた。分析の結果（図 3-4），成績により得点の上昇に違いがみられた。とくに，成績が「可」であった者については得点の上昇度が低かった。「聴く」については，有意な得点の上昇がみられなかった。また「伝える」については，Pre 時点では「秀」の者よりも高い値であったが，得点の上昇度が低かったため，Post 時点では「秀」の者よりも低い値を示す結果となった。

加えて，学生の参加度による得点の違いについても検討を行なった。Pre-Post による調査を行うと，必ず Pre 時点のみ，Post 時点のみの参加者が出てくる。とくに Pre 時点のみの参加者には，偶然欠席したといった事情のほかに，授業途中でドロップアウトした学生が含まれている可能性がある。Pre-Post 双方の調査に参加した者（476 名）と Pre 時点のみ調査に参加した者（145 名）にどのような傾向の違い

第1部 教養・総合科目型キャリア教育科目

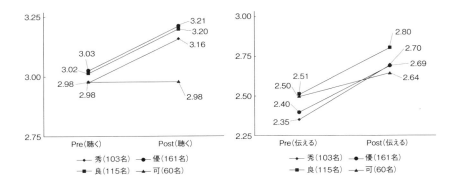

図 3-4 潜在差得点モデルからみた Pre-Post による得点の推移（成績別）

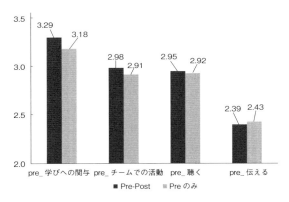

図 3-5 学生の参加度による得点の違い（t 検定）

がみられるのかについて，Pre 時点における測定変数の平均値比較（t 検定）を行なった。

分析の結果（図 3-5），「学びへの関与」についてのみ有意差がみられた。Pre 調査のみの協力者の平均値は 3.18（$SD=0.62$）であったのに対し，Pre-Post 双方への協力者の平均値は 3.29（$SD=0.56$）であった。

2）「キャリアデザイン B」における効果検証

「キャリアデザイン B」の効果検証にあたっては，「将来の進路に関する意識」を対象とした分析を行なった。「自己評価」「職業理解」「計画立案」「目標選択」ごと

03 初年次を対象としたキャリア科目の実践と評価

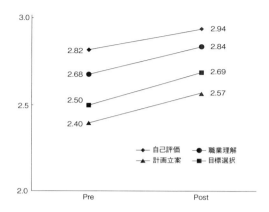

図 3-6 「将来の進路に対する意識」における得点の推移（Pre-Post）

に LDS モデルを適用して分析した結果，いずれの側面においても有意な得点の上昇がみられた（図3-6）。また，成績評価における「秀・優・良・可」別の分析を行なったところ，いずれの側面においても成績別による得点上昇の違いがみられなかった。

3）「キャリアデザイン A」における効果の継続性

効果の継続性については，Pre-Post で得点の変化がみられた「コミュニケーションに対する自信」，学生の参加度によって違いがみられた「学びへの関与」に焦点をあてて検討してみることにする。分析にあたっては，これまでの分析と同様に LDS モデルを活用し，3時点における変化を明らかにした。分析の結果，前期 Pre-Post において得点の上昇がみられた「コミュニケーションに対する自信」の2側面（「聴く」「伝える」）では，双方ともに後期 Post で前期 Post よりも得点が低下する結果となった。得点低下の度合いは，「伝える」のほうが低かった。そして，前期 Pre-Post において変化がみられなかった「学びへの関与」では，後期 Post に有意に得点が低くなった（図 3-7）。

上記の各モデルについて，前期科目の成績評価における「秀・優・良・可」別の分析を行なった。なお，3調査すべてに参加した学生 373 名における「秀・優・良・可」別の成績内訳は，秀：92 名，優：148 名，良：89 名，可：38 名，であった。結果，「コミュニケーションに対する自信」の2側面では，いずれも成績別による得点変化の違いがみられなかった。これに対し「学びへの関与」では，成績による有

85

第1部 教養・総合科目型キャリア教育科目

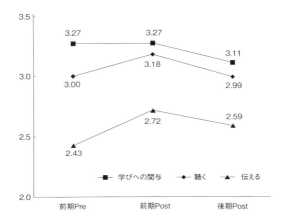

図 3-7　3 時点における得点の推移（前期 Pre-Post, 後期 Post）

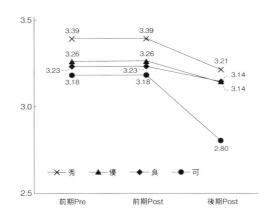

図 3-8　「学びへの関与」における 3 時点での得点推移（成績別）

意差がみられた。成績が「可」であった者のほうが，成績が「優」であった者に比べ，得点の低下が有意に大きい結果となった（図 3-8）。

■ 6-4　プログラムの効果
1)「キャリアデザイン A」における効果
　本章ではプログラムの効果について，(1) 授業内でのワークや課題の達成度を通

86

じた間接的評価を成績に反映させること，(2) Pre-Post を通じた測定，の2点から これをとらえようとした。(1) は授業に対して真摯に取り組むことにより，授業を 通じてキャリア発達に資する諸能力が身につくであろうことを前提としており，こ れが成績と連動した仕組みとなっている。Pre-Post の測定結果をみると，他者との 円滑な関係性を築くことに対する自信の獲得という点で，一定の効果があったとい えるのではないだろうか。成績による効果の違いは (1) とも連関するものであり， 能力的側面の獲得と自信の獲得が連動した形で示された結果であると考えることが できる。一方で，ここでの結果は授業の性質が「打てば響く」というものであるこ とを示す結果でもあった。成績が「可」であった者は成長度が低いというだけでな く，Pre のみの調査協力者のほうが，Pre-Post の継続調査協力者よりも「学びへの 関与」が低かった。Post 調査時点で漏れた理由には，偶然欠席したことによるもの と途中でドロップアウトした可能性の二つが考えられるが，根底にあるのはいずれ も学びに対する意欲に関する問題であろう。

「チームワークに対する肯定的評価」「学びへの関与」については，得点の上昇が みられなかった。「キャリアデザイン A」にはチームで活動する内容が含まれてい たとはいえ，PBL のように毎回固定化されたチームで活動して成果を得るようなも のではなかった。毎回グループ構成を変えていたこともあり，授業内での活動がチー ムワークに対する肯定的評価にはつながりにくかったものと思われる。「学びへ の関与」の得点に上昇がみられなかったのは，授業内容では教材として大学生活に 関連したものを取り上げているとはいえ，学びへの関与を高めることに重点を置い た構成にはなっていないことが大きいだろう。

以上の点から，「キャリアデザイン A」は授業に真摯に取り組む者に対しては能 力的側面，自信の獲得という点において有益な効果をもたらすものであると同時に しかし，受講生自身のやる気の影響を大きく受けるものであることが示された。

2)「キャリアデザイン B」における効果

本節の結果から，「キャリアデザイン B」は将来の進路選択に対する自信の獲得 という点で，一定の効果があるということができそうである。なお，「キャリアデザイ ン A」でみられた成績による得点推移の違いは，「キャリアデザイン B」ではみられ なかった。「キャリアデザイン B」は将来の進路選択に関わりうる内容で構成され ており，進路選択自体は受講生全員に関係する課題でもある。「キャリアデザイン A」よりも講義内容が受講生自身に密接に関わりうるととらえやすいものであるこ

とから，成績による得点推移に違いがみられなかったものと考えられる。また，必修科目ではないために外的な強制力が低く，受講生の授業に対する受講意欲が「キャリアデザインA」とは異なっていたことも理由として考えられよう。

3）「キャリアデザインA」における効果の継続性

　授業における効果として確認することのできた「コミュニケーションに対する自信」であるが，後期Post時点では効果が低減しており，これらの傾向は「キャリアデザインA」における成績を問わず生じていることが示された。「キャリアデザインB」では「キャリアデザインA」で学んだことを踏まえ，汎用的能力を活用しながら，将来の進路選択に関わりうる内容理解を促進することに主眼を置いている。しかし，「キャリアデザインA」ほどには汎用的能力の育成に力を入れた内容ではなかったため，このような得点低下が生じたものと思われる。汎用的能力の育成は本来，学術的知識を媒介させることを前提としたうえで，複数科目にて展開されるべき事柄である。「キャリアデザインA・B」以外の科目との関係については本章では明らかにできていないが，ほかの科目でどのような形態の授業が実施されているのかといった点も得点低下に少なからず影響しているのではないだろうか。

　また，後期Post時点では「学びへの関与」が低下する傾向にあった。大学1年生前期から後期にかけては学習意欲が低下するとの指摘（清水・三保，2011など）もあるため，これと合致する傾向が得られたわけである。この傾向はとくに，「キャリアデザインA」の成績は「可」であった者により顕著にみられた。大学生活に対する目的意識をうまく見出すことができなかったことに加え，「キャリアデザインB」を通じて将来の進路選択に関する理解を深めるなかで，大学での学びと職業生活とのつながりが見出せなかった可能性などを考えることができそうである。

第7節　「大学生活」に焦点をあてたコンセプトマップの作成

　ここでは，「キャリアデザインA」で実施している授業内容の一部を紹介する。これまで述べてきたように，「キャリアデザインA・B」は2014年度以降，基本コンセプトや枠組みはそのままに，授業内容の修正・改善を重ねながら現在に至っている。ここで紹介する内容は，2016年度の「キャリアデザインA」で実施した「「大学生活」に焦点を当てたコンセプトマップの作成」である。本章の表3-1（☞ p.76）

にて紹介した授業内容における第15講に該当する部分であり，自分の大学生活について考えていくうえで，これを視覚化するための手法としてコンセプトマップを採用したものである。2016年度の授業からこれを取り入れ，第13講〜第15講を一連のワークに使っている。時間配分としては最低限，マップ作成で1講分，それにもとづいた発表とまとめで1講分の時間を確保しておけば問題ないだろう。

■ 7-1　コンセプトマップの作成

　コンセプトマップは「概念地図」ともよばれ，「中心テーマ（焦点質問）をめぐるコンセプト間のつながりを，階層的なネットワーク構造で図示したもの」である（田口・松下, 2015：167）。これは課題についての知識とその理解を可視化させるツール（溝上, 2014）であり，さまざまな授業において活用されるようになってきている。それを「（自分自身の）大学生活」を可視化するための材料として活用したわけである。

　ここでの授業目的は，「（大学生活に少し慣れてきた）現状を踏まえたうえで，大学生活での目的を改めて再考する」ことにある。一連のワークの流れは以下に示すとおりである。

---

①「（現在の自分自身の）大学生活」をテーマにコンセプトマップの作成を行う
②作成したコンセプトマップと授業初期（大学入学初期）に作成したチャレンジリストを対比したうえで，現状を理解する
③①，②を整理し，まとめたものを発表する。発表を通じて他者と認識を共有することにより，あらたな気づきを得る
④一連の結果を整理してまとめる

　次に示すのは授業時に配布した資料である（図3-9）。コンセプトマップの説明は口頭やスライドのみでは難易度が高いため，配布資料によって作業工程の理解が進むように工夫をしている。

　図3-10，図3-11は作成したコンセプトマップの結果をまとめるためのワークシートである（実際にはA3用紙に左右配置している）。授業ではここでまとめた内容をもとに発表を行うことになっており，コンセプトマップによって視覚化された内容を文章（具体的な言葉）に落とし込むための資料として使用している。

第1部 教養・総合科目型キャリア教育科目

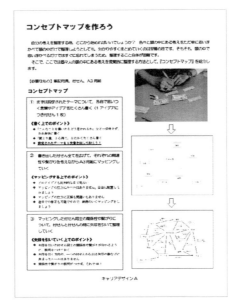

図 3-9 コンセプトマップの説明資料

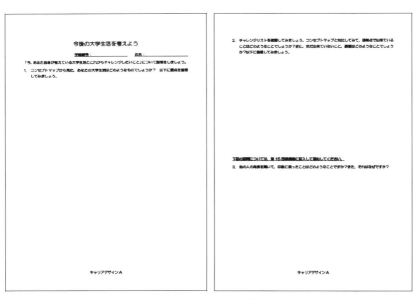

図 3-10 ワークシート（左側）　　　図 3-11 ワークシート（右側）

■ 7-2　時間配分

参考までに，一連のワークにおける時間配分を示しておくことにしたい。先述のとおり，コンセプトマップ作成に1講分，まとめと発表に1講分の時間をあてた設計としている。

【マップ作成の回】
①前回授業のおさらい（10分）
②コンセプトマップの説明（20分）
③コンセプトマップの作成（30分～40分程度）
④ワークシートへの整理（10分～20分程度）
⑤振り返りシートの記入（10分）

【まとめと発表の回】
①前回授業のおさらい（10分）
②ワークシートへの整理（25分）
③グループ分け（5分）
④グループ内での発表（30分）
⑤発表を通じた気づきの整理（15分）
⑥まとめ（5分）

まとめと発表の回におけるグループ分けについては，二つの方法を考えることができる。一つはランダムに分ける方法である。図3-12はグループ分けに使用したカードであり，4枚ずつ同じアルファベットが記載されている。このカードを一人1枚引いてもらい，同じカードを持っている学生同士を一つのグループとして扱う方法である。

もう一つは，1グループの人数は4人というルールだけを敷き，自由にグループを組んでもらう方法である。今回のテーマの場合，内容によっては普段あまり話をしない相手に対しては話しにくい事柄がマップ内に含まれる可能性がある。2016年度の実施事例においては実際に学生からそのような意見が生じたため，自由にグループを組む形で実施している。グループ分けの方法については要検討事項であるが，このような方法があるということを示しておきたい。

第1部　教養・総合科目型キャリア教育科目

図3-12　グループ分け用のカード

■ 7-3　受講学生の気づき

最後に，受講学生がワークシート（図3-11 ☞ p.90）の3に記載した気づきの事例（一部抜粋）をいくつか示しておくことにしたい。これらをみると，「（大学生活に少し慣れてきた）現状を踏まえた上で，大学生活での目的を改めて再考する」という授業目的に合致するような傾向を垣間見ることができよう。

- みんな在学中に楽しむことを考えているけれど，それ以上に卒業後の為だったり，卒業するためのことを良く考えているなと思った。自分自身も卒業後の目標のために今から計画的に動こうとしているので，同じだと思い印象に残った。
- みんな授業が第一なのだなと思いました。また，それぞれに目標があるというのが全体の共有点でもあり，印象に残っていたことです。
- 自分は「今」のことしか考えていないのに対し，他の人は先のことをちゃんと考えていて，自分とは大きく異なっていた。ちゃんと計画を立てて行動できるようになりたいと思った。
- みんな思っている以上に考えて大学生活を送ろうとしていてすごいと思ったし，見習っていきたいと思った。
- みんな最初に言うことは勉強のことで，中には海外留学を考えている人もおり，それを聞いただけで凄いと思った。自分よりも将来のことをしっかりと考えていたので見習いたいと思いました。
- みんな大学生活でしたいことの具体的な内容まで考えていて勉強になった。自分の考えてなさがあまりにもひどかったので，秋学期からはリスタートして頑張っていきたいと思った。

- みんな資格や就職のことを話していて，もう社会人になるまであまり時間がないんだなと実感した。自分も将来のために色々と考えて勉強をしていかなければいけないと思った。
- やはりみんな将来について結構考えているのだなと思った。大学というのは遊べるというのが多いかと思っていましたが，思っていたよりもみんな勉強について良く考えているんだなと思いました。

第8節　まとめにかえて

8-1　プログラムの総評

本章で明らかになったことは，授業単体による効果は「キャリアデザインA・B」ともに確認することができたが，教育効果の継続性という点については課題が残されたということである。授業単体の効果を維持するものとしては，担当教員間でのミーティングを通じた授業設計および運営（教材や評価基準などの統一）が背景にあったことはいうまでもない。この点において，プログラムの設計，実施運営，効果のいずれにおいても一定の成果がみられたといえよう。しかし，「キャリアデザインA」における効果は「打てば響く」という性質のものであり，受講生自身のやる気の影響を大きく受けるものであった。さらに，前期の時点で授業へのコミットが低く，あまりよい成績を得られなかった学生においては，後期Post時点での学びに対するやる気が著しく低下する傾向にあった。初年次教育としての要素をもち，学生の学びに対する方向づけを行うという点からみれば，「キャリアデザインA」のほうにはより多くの課題が残されているといえる。

教育効果の継続性については，これをとらえることの難しさという点からも課題が複数残された。今回の効果測定では「キャリアデザインA」で実施した内容に関わる事柄がどの程度維持されているかという点から測定を行なっている。しかし，当然「キャリアデザインB」では「キャリアデザインA」を踏襲しているとはいえ，内容的には大きく異なる事柄を実施している。授業内容に関わりのない内容であれば，得点の低下が生じるのは当然の結果であるともいえる。そうなると，測定内容の妥当性という問題が別途浮上してこよう。とくに「キャリアデザインA」で取り扱った事柄は，汎用的能力の育成に関わるものである。当然，これは「キャリアデザインA・B」のみで育成されるべきものではない。そのため，この問題は単一科目のみならず，キャリア教育の関連科目やカリキュラム全体を通じて考えるべき

課題へとつながってくることになる。授業単体としてみていくべき効果と「キャリア教育」全体としてみていくべき効果がどのようなものであるか，この切り分けを行なったうえで効果測定を考えなければならないことがあらためて浮き彫りになった結果であるともいえる。授業間でのつながりという点からみればそれぞれの科目における授業設計が問題となるが，各大学における「キャリア教育」の目指すべき方向性という視点から，教育効果，授業およびカリキュラム設計を考えていく必要があるだろう。当然，後者の問題については科目担当者でできる範囲を超えており，組織的な課題となる。一科目担当者としては，まずは個別の科目における効果を確実なものとするために，日々授業改善を繰り返していくことが重要であろう。

■ 8-2　プログラムのこれから

「キャリアデザインA・B」が設置されてから6年目に突入している（2018年現在）。実施担当教員にも変更が生じており，現在では専任教員2名，嘱託講師1名，非常勤講師5名の計8名体制で実施されている。これまでの分析結果などを踏まえ，授業内容については若干の変更が生じているが，基本枠組みは以前のままに実施されている。現在では授業内で実施する内容に関する資料を授業回ごとに個別に配布するのではなく，冊子化して配布するなど，授業運営上生じてくる負担や手間の簡略化なども行なっている。一連の流れのなかで構築したPDCAサイクルはそのままに，学生にとってより効果的な授業設計・改善をつづけていくことが今後の課題である。

【付　記】
本章は三保ら（2015a, 2015b）にて報告した内容をもとに再構成したものである。授業設計・実施・運営にご協力いただいている担当教員の先生方，そして事務面でさまざまなフォローをしていただいている教育修学支援センター，教育開発センターのみなさまに厚く御礼を申し上げたい。

●引用・参考文献
青木貴寛・三保紀裕・福井未来・清水和秋（2014）．「社会人基礎力の双因子構造――大学1年生を対象として」『日本心理学会第78回大会発表論集』, 1195.
岩井　洋（2003）．「私立大学のサバイバル戦略における実践的課題――大学マーケティ

ングからエンロールメント・マネジメントへ」『高等教育研究叢書』*4*, 71-95.
梅崎　修・田澤　実［編著］（2013）．『大学生の学びとキャリア――入学前から卒業後までの継続調査の分析』法政大学出版局
清水和秋・三保紀裕（2011）．「潜在差得点モデルからみた変化――大学新入生の半年間の適応過程を対象として」『関西大学社会学部紀要』*42*(3), 1-28.
杉原真晃（2004）．「学生参加型授業における教授――学習過程の分析学生のつまずき・葛藤に焦点をあてて」溝上慎一［編著］『学生の学びを支援する大学教育』東信堂, pp.130-154.
田口真奈・松下佳代（2015）．「コンセプトマップを使った深い学習――哲学系入門科目での試み」松下佳代・京都大学高等教育研究開発推進センター［編著］『ディープ・アクティブラーニング――大学授業を深化させるために』勁草書房, pp.165-187.
中央教育審議会（2008）．「学士課程教育の構築に向けて（答申）」〈http://www.mext.go.jp/component/b_menu/shingi/toushin/__icsFiles/afieldfile/2008/12/26/1217067_001.pdf（最終確認日：2018 年 7 月 12 日）〉
中央教育審議会（2011）．「今後の学校におけるキャリア教育・職業教育の在り方について（答申）」文部科学省〈http://www.mext.go.jp/component/b_menu/shingi/toushin/__icsFiles/afieldfile/2011/02/01/1301878_1_1.pdf（最終確認日：2018 年 7 月 12 日）〉
花井洋子（2008）．「キャリア選択自己効力感尺度の構成」『関西大学大学院人間科学――社会学・心理学研究』*69*, 41-60.
松井賢二・清水和秋（2008）．「大学におけるキャリア形成支援」日本キャリア教育学会［編］『キャリア教育概説』東洋館出版社, pp.211-213.
溝上慎一（2014）．『アクティブラーニングと教授学習パラダイムの転換』東信堂
三保紀裕・神原　歩・木原麻子・湯口恭子（2015a）．「キャリア科目の実践を通じた効果測定と課題」『キャリアデザイン研究』*11*, 137-142.
三保紀裕・神原　歩・木原麻子・中尾都史子・湯口恭子・上田さやか（2015b）．「キャリア教育科目の効果と定着に関する検討――縦断調査に基づく事例報告」『日本キャリアデザイン学会第 12 回研究大会資料集』, 27-30.
McArdle, J. J.（2001）. A latent difference score approach to longitudinal dynamic structural analysis. In R. Cudeck, S. du Toit, & D. Sörbom［eds.］, *Structural equation modeling: Present and future: A festschrift in honor of Karl Jöreskog*, Lincolnwood, IL: Scientific Software International, pp.342-380.

◆初年次を対象としたキャリア科目の実践と評価
三保紀裕先生への意見

「キャリアデザインA・B」は、全学部全学科の大学1年生が集まる科目であるため、学部横断の初年次教育を導入している大学には参考になる箇所が多いと思われる。前期に「仲間づくり」「コミュニケーション」「チームワーク」を、後期に「自己理解」「社会理解」を扱っていることは興味深い。梅崎・田澤（2013）は、大学1年生の前期に何でも話せる友人ができること、後期に社会や経済に興味をもてたと実感できることは大学1年生の1月の時点における自尊感情に正の影響を与えていることを明らかにした。舘野（2014）は「豊かな人間関係を構築し、それにより深い学びを継続的におこなえる」ための学びのデザインをしていく必要性を強調した。両者の主張と、実践で扱われた内容の順番には整合性がある。

【ここがスゴイ！】
1. 効果の継続性まで検討していることがスゴイ！
　前期科目の踏襲を前提に後期科目を設けることは多い。しかし、前期科目の効果の継続性について検討することは少ない。「キャリアデザインA・B」の分析では、前期科目の成績評価（「秀・優・良・可」）ごとの分析を行い、成績が「可」であった者のほうが、成績が「優」であった者に比べて、後期において「学びへの関与」を顕著に低下させていることを示した。これが一つめのスゴイ！である。

2. ドロップアウトした学生も視野に入れた分析をしていることがスゴイ！
　Pre-Post調査でキャリア教育の効果測定を行う場合、Pre調査のみに回答したデータは欠損値として扱うことが多い。しかし、「キャリアデザインA・B」の分析では「Pre時点のみの参加者には偶然欠席したといった事情のほかに、授業途中でドロップアウトした学生が含まれている可能性がある」という見解にもとづき、Pre-Post双方の調査に参加した者とPre時点の調査のみに参加した者の比較をして、後者のほうが「学びへの関与」が低いことを示した。これが二つめのスゴイ！である。

【ここが論点！】
1.「学びへの関与」の低下をどのように解釈するか
　「キャリアデザインA・B」で示したことは、「仲間づくり」「コミュニケーション」「チームワーク」を扱う前期科目に対して真摯に取り組むことは、学びへの関与が後期の終わりに低下することを和らげると言い換えられるかもしれない。本

章では，この結果と関連させて，大学生活に対して目的意識をもつことや，大学での学びと職業生活とのつながりをもつことの重要性を指摘した。一般的に，1年生が受講できる専門的な科目は数少ない。半澤（2009）は，現在は自分が学びたい内容を大学で学ぶことはできないために，それ以外の取り組みで大学生活を充実させようとする1年生の存在を示唆した。そして，そのような学生は大学や教員からは学業不適応として扱われがちであるが，そのような対処行動をとることにより，学業に対する意欲を維持しているとも解釈できると述べている。このように大学生活全体のなかから学生の学習意欲についてとらえることは重要なことである。論点になりうるのは，自分が所属する学部では2年生から何を学ぶことが可能であるかについての理解度である。これによって，学生生活での目的の考え方や関連づけの仕方は異なる可能性がある。

2. 大学生活のコンセプトマップをどのように活用するのか

「キャリアデザインA・B」では，前期の始まりに作成したチャレンジリストと前期の終わりにおける大学生活のコンセプトマップを比較することにより，現時点でできていることと，できていないことを可視化している。仮に，大学生活での目的をただ書かせる個人レポートを設けたならば，記述量が少なくなることが予想される。そこで，自分の考えと他者の考えを相対化する場を設けることは重要になる。論点になりうるのは，コンセプトマップはどのように活用するのかということである。「キャリアデザインA・B」の場合，目的と目的の関係性が可視化されていると思われる。たとえば，目的Aは目的Bの手段になる，目的Aと目的Bは促進しあう，目的Aと目的Bは同時に達成することが難しいなど，読み取れることは多々あると思われる。さまざまな活用の仕方が期待できる。

［コメント：田澤　実］

●引用・参考文献
梅崎　修・白澤　実（2013）．「大学生活と自尊感情――大学1年生に対する縦断調査」梅崎　修・田澤　実［編著］『大学生の学びとキャリア――入学前から卒業後までの継続調査の分析』法政大学出版局, pp.117-127.
舘野泰一（2014）．「入社・初期キャリア形成期の探求――「大学時代の人間関係」と「企業への組織適応」を中心に」中原　淳・溝上慎一［編］『活躍する組織人の探究――大学から企業へのトランジション』東京大学出版会, pp.117-138.
半澤礼之（2009）．「大学1年生における学業に対するリアリティショックとその対処――学業を重視して大学に入学した心理学専攻の学生を対象とした面接調査から」『青年心理学研究』21, 31-51.

第1部　教養・総合科目型キャリア教育科目

◆その後の展開

　本章の執筆から出版までの間に，筆者の所属大学では大きな変化があった。その最たるものが大学名の変更である。2019年4月より，京都学園大学は京都先端科学大学へと名を変え，あらたなスタートを切ることになった。執筆時の学部構成（4学部10学科）はそのままに，2020年には工学部が新設される予定である。これに伴い，本章で紹介したカリキュラム改革を踏まえたうえで，さらなるカリキュラム改革が実施された。2019年度より新カリキュラムが動き始めている。

　本章で紹介した初年次向けキャリア科目についても多少の影響があった。しかし，「キャリアデザインA・B」にとってはよい方向での影響であったといってよい。具体的には，同じ初年次教育科目でありながら，これまで連携がとられてなかった「スタートアップゼミ」との連携が図られるようになった点である。カリキュラム改革自体はさまざまな点でかなりの変化をもたらしたが，初年次向けキャリア科目については基本的なコンセプトはそのままに，ほかのコア科目と呼ばれる全学必修科目との連携がとれるような形で，授業内容などに工夫を加えている。これまで，同一の内容，教材，評価基準を使用して全学的に展開してきた科目は本章で紹介した「キャリアデザインA・B」のみであった。2019年度からは「スタートアップゼミ」も同様の形式をとる形となり，この点で「キャリアデザインA・B」の授業運営方式が参考となったのはいうまでもない。

　結果として，授業内容に多少の変化は生じているが，授業設計の基本コンセプトや運営方式はそのままに，全学必修の初年次向けキャリア科目として定着している。授業担当者についても退職者に伴う一部の変化・入れ替えが生じているが，問題なく運営されている。現在の運営方式が安定化していることの現れであろう。この形式が継続，維持されることを強く願いたい。

第 2 部
専門教育融合型キャリア教育科目

私立大学2年生に対する
体験型科目の開発と効果検証

田澤　実

第2部　専門教育融合型キャリア教育科目

◆共通シート：私立大学2年生に対する体験型科目の開発と効果検証

			開講年次	開講年次						
	1年前期	1年後期	2年前期	2年後期	3年前期	3年後期	4年前期	4年後期	卒業	

大学（学部）	科目名	必修科目／選択科目
法政大学（キャリアデザイン学部）	キャリアサポート事前指導 キャリアサポート実習	選　択
カリキュラム上の位置づけ	授業回数	複数科目の連動
学部科目（単独学部）	15回	あ　り
授業規模（履修登録人数）		
A. 1-20人		
科目担当教員数	科目担当教員属性内訳	教員ミーティング
5名	専任教員5名（学部専任5名）	あ　り 不定期
授業の主なねらい		
①他者のキャリア形成支援に資する一定のソーシャルスキルを獲得する ②具体的には，高校生を対象にしたキャリア教育プログラムを通じて，他者と関わる力を身につける		
授業スタイル（講義主体，グループワーク主体，外部講師講演主体など）		
グループワーク主体		
プログラムの評価		
【授業ごと，授業実施中の評価】 ・授業終了時に提出させる「振り返りシート」のコメントを用いた質的データによる評価 ・グループワーク中の机間巡視における観察（必要に応じて介入も行う）による評価 【授業実施後の評価】 ・授業のねらいに即して独自に作成したアンケート項目の授業前（pre）調査と授業後（post）調査を用いた量的データの比較		
効果検証		
学期開始時に行う授業前（pre）調査と学期終了時に行う授業後（post）調査を用いた量的データの比較		

04　私立大学2年生に対する体験型科目の開発と効果検証

第1節　はじめに

　本章では，法政大学キャリアデザイン学部における体験型科目（2年次より履修可能な選択必修科目）の一つである「キャリアサポート事前指導」および「キャリアサポート実習」の開発までの過程と授業の効果検証について述べる。

第2節　授業の背景・経緯

■ 2-1　学部概要

　法政大学キャリアデザイン学部は，2003年4月に設置された。キャリアデザイン学部は，「キャリア」（生き方）を個人が主体的に考え，設計する必要性の高まりを背景として，「自由と進歩」という建学の精神を踏まえ，生涯学習社会におけるキャリアデザインの歴史と現状，課題，キャリアデザインの理論と方法，政策などに関する教育・研究を行うことを目的として設置された。

　キャリアデザイン学部は，個人の学びや発達に視点を置く「発達・教育キャリア」，産業社会のなかでの職業キャリアの展開に視点を置く「ビジネスキャリア」，家族や地域を含めた人生のあらゆる場における人と社会のあり方に視点を置く「ライフキャリア」の三つの領域を教育・研究の枠組みとして設定している。

　研究の面では，既存の学問領域における研究成果を基礎に置きつつ，これまでとは異なる社会の仕組みのなかでの「キャリア」をめぐるあらたな課題に応えていく。

　教育の面では，「自己のキャリアを自らデザインすることのできる自律的／自立的人材」を養成すると同時に，上記の三つの領域において「他者のキャリアのデザインや再デザインに関与しつつ，その支援を幅広く行うことのできる専門的人材」を養成する。

　法政大学キャリアデザイン学部のディプロマポリシーは下記である（法政大学, n.d.）。

所定の単位の修得により，以下に示す水準に達した学生に対して「学士（キャリアデザイン）」を授与する。

1. キャリアデザインが求められる社会的背景，およびキャリアデザインに関する基本的な知識，教養，アプローチの方法について幅広く習得している。
2. 特定のアプローチについては，専門的知識を有し，それを活用できる。

103

> 3. キャリアデザインに関わる社会現象や政策・施策等について，自ら研究を深め，一定の成果を残すことができる。

■ 2-2　授業開設の背景

　法政大学キャリアデザイン学部では，1年次にキャリアデザインの基礎を学ぶ。そして2年次から専門性を深める講義科目を履修しながら，選択必修の体験型科目を履修する。これは，実践的なキャリアデザインのスキルを身につけるために学外でのインターンシップやフィールドワークなど，社会のさまざまな現場で実習を行うものである。この体験型科目の一つが「キャリアサポート事前指導」および「キャリアサポート実習」である。

　「キャリアサポート事前指導」および「キャリアサポート実習」のきっかけは，2006年度から文部科学省の「現代的教育ニーズ取組支援プログラム」（現代GP）（申請テーマ区分：実践的総合的キャリア教育の推進）の補助を3年間受けたことであった。開設当時は，必修科目であり，科目名は「キャリア相談事前指導」および「キャリア相談実習」であった[1]。現代GPが終了してからは，学部の選択必修の体験型科目として位置づけられた。すなわち，もともとは全学部生が受講していた授業であったものが，一部の学生が受講する授業に性質が変更している。

■ 2-3　プログラムの着想とその背景

　ここでは，「キャリア相談実習」として開設された当時の着想とその背景を述べていく。

　まず，文部科学省「平成18年度現代的教育ニーズ取組支援プログラム選定取組の概要及び選定理由」より，現代GPに採択された際の取り組み名称と概要を表4-1に示す。

　法政大学キャリアデザイン学部は，2007年3月に第1期の卒業生を送り出した。それに合わせてカリキュラム改革が行われた。当時の課題の一つには，体験学習と専門科目を連動させるような学び方が，必ずしも全学生には浸透していないことがあげられた。そこで，1年次より「キャリア相談実習」を必修科目として設置した。

---

1) このことについては法政大学「キャリア相談実習」ワーキンググループ（2009）に詳しい。

04 私立大学2年生に対する体験型科目の開発と効果検証

表4-1 プログラムの取り組み名称と概要（文部科学省, 2006）

取り組み名称	大規模私学での大卒無業者ゼロをめざす取組——学生が行う「キャリア相談実習」による職業意識の質的強化
取り組み概要	本取組は，他者のキャリア形成支援のための相談活動を通じ，学生が自らのキャリア意識，職業意識をより強固かつ鮮明にすることを支援するものである。これにより，就職への強い意欲とともに就職後の職場において，仕事を見つけ作り出し，同僚に対する相談活動等を適切に行える人材を育て，大卒無業者ゼロの実現を目指す。 即ち，学部学生全員が，卒業生の支援も受けて，下級生や高校生を対象とするキャリア相談活動を行うために「キャリア相談事前指導」「キャリア相談実習」の2科目を必修科目として新設する。また，相談内容及び相談活動による学生のキャリア意識の発達に関する効果測定テストの開発，データの蓄積と分析を通じ，より効果的な相談活動の実現と適切な指導・評価システムを構築する。 以上の取組により，高校・大学・実社会の三層の連携により，生涯学習社会における一貫したキャリア意識構築のための普及可能なモデルを提示する。

担当教員の児美川（2008）は次のように「キャリア相談実習」のねらいを述べている。

> 簡潔に言ってしまえば，「キャリア相談実習」という，広い意味での他者のキャリア形成支援にかかわる体験活動を，すべての学生に必修科目として履修させることにより，
> ①学部のカリキュラム全体において，体験学習への垣根を取り払い，初歩的な体験学習の機会を全員が経験することで，より上級学年でのインターンシップ等へとつなげていくこと。
> ②他者のキャリア形成支援にかかわる実習を経験することによって，学生たちの学部の専門科目への理解そのものが深まること。（体験学習と専門科目の連携）
> ③「キャリア相談事前指導」での指導の工夫と合わせて，学生たちのソーシャルスキル・トレーニング，より焦点化して言えば，彼らの「他者とかかわる力」の育成をはかること。
> をねらいとしたものと言える。（児美川, 2008：53）

上述したように，必修科目の「キャリア相談実習」は，選択必修科目の「キャリアサポート実習」となった。このことに伴い，上記の①-③は，下記のように性質

が変化した。

①については，その性質はほとんど残っていないといえる。必修科目から選択必修に変更したことに伴い，「全員が経験する」ことはなくなった。また，2年次より履修可能な選択必修の体験型科目として位置づけられたため，「体験学習への垣根を取り払」う性質ではなくなった。

②および③については，その性質が残っているといえる。キャリアデザイン学部では，「自己のキャリアを自らデザインすることのできる自律的／自立的人材」を養成すると同時に，「他者のキャリアのデザインや再デザインに関与しつつ，その支援を幅広く行うことのできる専門的人材」を養成することが目指されている。このことと関連するといえる。

第3節　カリキュラム上の位置づけ

「キャリアサポート実習」は，2年次以上で履修が可能となる。前期に15コマの「キャリアサポート事前指導」を行い，後期に15コマの「キャリアサポート実習」を行う。1クラスあたりの受講生は20人程度であり，2015年度の科目の担当教員は5名であった。詳細は後述するが，「キャリアサポート事前指導」においては，一部，1年前期に行われる「基礎ゼミ」と連動するカリキュラム構成となっている。担当教員間のミーティングは必要に応じて年に3回程度行われた。

なお，授業を運営するメンバーには担当教員だけでなく，キャリアアドバイザー（キャリアデザイン学部の専属職員）および学生サポーター（前年度に同授業を履修し，その後も継続的に実習の手伝いをする学生など）が含まれる。キャリアアドバイザーは授業内での必要に応じた介入，実習のための外部とのやり取り，実習の引率などを行なった。学生サポーターは「キャリアサポート事前指導」で自らの実習の経験を話し，「キャリアサポート実習」で高校生を対象にしたキャリア教育プログラムを進行する司会や補佐の役割を担った。

第4節　授業のねらい

■ 4-1　授業の主なねらい

「キャリアサポート実習」と前身の「キャリア相談実習」の違いの一つは，実習としてサポートする対象が高校生に焦点化されたことである。このことと関連させて

授業のねらいを述べれば次のようになる。「他者のキャリア形成支援に資する一定のソーシャルスキルを獲得する。具体的には，高校生を対象にしたキャリア教育プログラムを通じて，他者とかかわる力を身につける」。

■ 4-2 授業が担うミッション

他者と関わる力は，さまざまな要因が関連する。一対一でコミュニケーションをする際の聴く力および質問する力，集団でコミュニケーションをする際の円滑に話し合いを進める力なども含まれる。そこで，まず「キャリアサポート事前指導」では，コミュニケーション（傾聴，質問技法，アサーションなど），グループワークのスキル（ファシリテーションなど）を学ぶ。そして，キャリア教育プログラムの作成と実施をすることにより，他者のキャリア形成支援の方法について深く考える。そして，「キャリアサポート実習」では，高校生に対してキャリア教育プログラムを行う実習，その事前指導と事後指導を通じて，総合的に他者と関わる力を身につける。

第5節 授業内容や授業構成

■ 5-1 キャリアサポート事前指導

まず，前期（全15コマ）に行われる「キャリアサポート事前指導」のスケジュールを表4-2に示す。クラスによって一部変更はあったが，概ね以下のような流れで行なった。

第1回から第4回は主に「コミュニケーション」を扱った。ガイダンスをした後に，「聞く」と「聴く」の違い（第1回），傾聴（第2回），質問技法（第3回），「頼む」「断る」を題材にしたアサーション（第4回）などのワークを行なった。また，学生が実習イメージをもつために，前年度に「キャリアサポート実習」を履修した学生を学生サポーターとして授業に呼び，実習での体験談を語ってもらった（第3回）。

第5回から第7回は主に「グループワークのスキル」を扱った。ファシリテーションなどのようなグループでの話し合いの技法を学んだ。アイスブレイクを体験し，ブレインストーミングやKJ法を活用した話し合いを行なった。

第8回から第13回は「キャリア教育プログラムの作成および発表」を扱った。4-5名から構成される班に分かれて，これまでに扱った内容（傾聴，質問技法，アサーション，ファシリテーション，KJ法など）を応用してグループでの話し合いを行なった。マインドマップを活用してアイディア出しをした後に，企画案を練りこんで

表4-2 「キャリアサポート事前指導」のスケジュール

1	ガイダンス,コミュニケーション①	授業概要説明,CAVT回答（第1回）,「聞く」と「聴く」のワーク
2	コミュニケーション②	傾聴のワーク
3	コミュニケーション③	学生サポーターによる実習体験談,質問技法のワーク
4	コミュニケーション④	「頼む」「断る」を題材にしたアサーションのワーク
5	グループワークのスキル①	ファシリテーション（アイスブレイク,ブレインストーミング）
6	グループワークのスキル②	KJ法を活用した話し合い
7	グループワークのスキル③	傾聴,アサーション,ファシリテーションなどを活用した話し合い
8	キャリア教育プログラムの作成①	マインドマップを活用したアイディア出し
9	キャリア教育プログラムの作成②	企画案づくり,プレゼンテーションの準備
10	キャリア教育プログラムの作成③	中間発表①
11	キャリア教育プログラムの作成④	中間発表②
12	キャリア教育プログラムの発表①	完成したプログラムの発表①
13	キャリア教育プログラムの発表②	完成したプログラムの発表②
14	キャリア教育プログラムの実施	班で作成したプログラムを学部1年生に実施
15	まとめと振り返り	授業の振り返り,CAVT回答（第2回）

いった。

第14回は,実際に作成したプログラムを自らの後輩に該当するキャリアデザイン学部の1年生に実施した。このときには,1年生の必修科目である「基礎ゼミ」の1コマと連動した。

第15回はこれまでの授業のまとめと振り返りを行なった。

なお,授業を履修した学生はキャリア意識を測定する尺度であるCAVT（詳しくは後述）を授業開始時（第1回）,および授業終了時（第15回）に回答した。振り返りの際にはこの結果も活用した。

■ 5-2 キャリアサポート実習

次に,後期（全15コマ）に行われる「キャリアサポート実習」のスケジュールを表4-3に示す。クラスによって一部変更があったが,およそ以下のような流れで行なった。

「キャリアサポート実習」では,高校生に対してキャリア教育プログラムを行な

表4-3 「キャリアサポート実習」のスケジュール

1	ガイダンス	授業概要説明，キャリアサポート事前指導の振り返り
2	キャリア教育プログラムの作成①	班ごとにキャリア教育プログラムを作成する①
3	キャリア教育プログラムの作成②	班ごとにキャリア教育プログラムを作成する②
4	キャリア教育プログラムの実演①	作成したキャリア教育プログラムを実演も交えて発表する
5	職業興味ワーク	「VRTカード」を用いたワークにより，ホランドのRIASECモデルを理解する
6	実習リハーサル①	実習に向けてリハーサルを行う（前半部分）
7	実習リハーサル②	実習に向けてリハーサルを行う（後半部分）
8	実習リハーサル③	実習に参加する学生全体で最終リハーサルを行う
9	実習	高校生に対してキャリア教育プログラムを行う
10	実習報告ワーク①	実習の事後指導として実習の報告をワーク形式で行う①
11	実習報告ワーク②	実習の事後指導として実習の報告をワーク形式で行う②
12	あらたなキャリア教育プログラムの作成①	実習で関わった高校生の特徴を踏まえたキャリア教育プログラムをあらたに作成する①
13	あらたなキャリア教育プログラムの作成②	実習で関わった高校生の特徴を踏まえたキャリア教育プログラムをあらたに作成する②
14	あらたなキャリア教育プログラムの実演	作成したプログラムを実演する
15	まとめと振り返り	授業の振り返り，2分間スピーチ，CAVT回答（第3回）

った。神奈川県にある市立または県立の高校3校が対象であった。「キャリアサポート実習」を履修した学生はこれらの高校のうち一つ以上に参加した。

第1回は「ガイダンス」であった。授業概要の説明の後，前期の「キャリアサポート事前指導」で行なったことを振り返った。

第2回から第4回は，高校での実習を前にキャリア教育プログラムを作成し，最後に実演した。

第5回から第11回は，実習および事前指導と事後指導であった。ホランド（Holland, J. L.）のRIASECモデルを理解するために，VRTカード[2]を用いたワーク

---

2) ホランド（Holland, J. L.）は，パーソナリティタイプに六つ，環境モデルに六つの類型を示し，パーソナリティ（個人）と環境との交互作用によって人の行動は決定されると考えた。職業レディネス・テスト（Vocational Readiness Test：VRT）などで出てくる職業興味の6領域もこのホランドの理論にもとづいている。これらの領域の頭文字をとってRIASEC（リアセック）と呼ぶことがある。詳細は労働政策研究・研修機構（2012）を参照のこと。

を行い，職業興味についての知識を深めた後に，この理論を用いたキャリア教育プログラムの実習を行なった（第9回）。たとえば，実習先の三つの高校のうちの1校では，高校1年生356名（9クラス）に対して，「キャリアサポート実習」を履修している学生58名，学生サポーター24名，教員1名，キャリアアドバイザー4名という体制で，RIASECモデルにもとづくキャリア教育プログラムを行なった。実習前にはリハーサルを含めた事前指導（第5回から第8回），実習後には事後指導を行なった（第10回，第11回）。

第12回から第14回は，キャリア教育プログラムの作成および実演であった。実習で関わった高校生の特徴を踏まえたキャリア教育プログラムをあらたに作成した。最後にそれを実演した。

第15回は，この授業全体の振り返りを行なった。CAVT（詳細は後述）を用いた振り返りも行なった。

第6節　プログラムの評価

「キャリアサポート事前指導」および「キャリアサポート実習」の実施後の評価（総括的評価）をするために，Pre-Post形式でアンケートを行なった。授業のねらいや授業で扱う内容を考慮して，他者と関わる力に関連した15項目を独自に設けた。

●教　示　文
「現在の自分にあてはまるところに〇をつけてください」
（5件法：「5点：かなりそう思う」から「1点：そうは思わない」）

●項　目　例
「自分のキャリアについて考える」「人をサポートする」など

■ 6-1　協　力　者

2015年度に「キャリアサポート事前指導」と「キャリアサポート実習」を履修し，以下の2時点の両方に回答した学生48名（2年生46名，3年生2名／男性23名，女性25名）であった。

■ 6-2　調査時期

以下の2時点でアンケートへの回答を求めた。なお，第1回は「キャリアサポート事前指導」の初回の授業に該当し，第2回は「キャリアサポート実習」の最後の授業に該当する。

> ● 第1回：2015年4月
> ● 第2回：2016年1月

■ 6-3　全体の結果

第1回（4月）と第2回（1月）の平均を図4-1に示す。これら15項目の4月と1月の各得点の差を両側検定（有意水準5%）の t 検定によって検討したところ，すべての得点において有意な差がみられた[3]。このことは「キャリアサポート事前指導」および「キャリアサポート実習」を通じて，他者と関わる力についての自己評価が高まったことを示唆している。

なお，1月の時点で高い自己評価を示している項目に注目してみると，「人の話を聴く」（4.56点），「意見の違いを受け入れる」（4.48点），「自分のキャリアについて考える」（4.33点）であった。これらの結果が授業で扱った内容と関連していると解釈するならば，「キャリアサポート事前指導」で扱った傾聴やアサーションが身につき，「キャリアサポート事前指導」や「キャリアサポート実習」で繰り返し行なってきたキャリア教育プログラムの作成や実施を通じて，他者にキャリアについて考えるきっかけを提供するだけでなく，自らのキャリアについても考えるきっかけとなったと考えられる。

第7節　効果検証

「キャリアサポート事前指導」および「キャリアサポート実習」では，授業開始時点，中間時点，授業終了時点の3時点でキャリア意識のアンケートを実施している。

---

[3] 次頁図4-1に記載された項目順に，$t(47)=5.09, p<.001$, $t(47)=4.12, p<.001$, $t(47)=5.98, p<.001$, $t(47)=2.96, p<.01$, $t(47)=2.61, p<.05$, $t(47)=4.70, p<.001$, $t(47)=2.18, p<.05$, $t(47)=5.74, p<.001$, $t(47)=4.24, p<.001$, $t(47)=4.85, p<.001$, $t(47)=3.45, p<.01$, $t(47)=4.80, p<.001$, $t(47)=6.49, p<.001$, $t(47)=5.51, p<.001$, $t(47)=5.66, p<.001$。

第2部　専門教育融合型キャリア教育科目

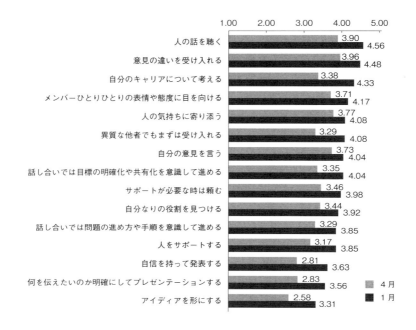

図4-1　他者と関わる力に関連した各項目の平均（4月および1月）

ここではその結果について述べる。

■ 7-1　アンケートについて

キャリア意識の発達に関する効果測定テスト（キャリア・アクション・ビジョン・テスト：CAVT）[4] を用いた。実際のアンケート用紙を図4-2に示す。ここでは例として第1回目のアンケート用紙を示したが、第2回、第3回も見出しだけを変えて同様の用紙で行なっている。

アンケートの12項目のうち、偶数の6項目が「アクション」を示しており、奇数の6項目が「ビジョン」を示している。「アクション」とは、人に会ったり、さま

---

[4] このアンケートは梅崎と田澤（2013）によって、両得点がともに高い者は、学業成績が概してよく、就職活動における活動量が多く、就職の内定先に満足していることが明らかになっており、妥当性が確認されている。

04 私立大学2年生に対する体験型科目の開発と効果検証

図4-2 CAVTのアンケート用紙(第1回用)

ざまな活動に参加したりすることを示すものであり,「ビジョン」とは,将来に向けた夢や目標,やりたいことなどをどの程度明確にしているかを示すものである。図4-2にも示したように,次のように合計得点を求めた。

●項目2,4,6,8,10,12の合計得点 ⇒ アクション得点
●項目1,3,5,7,9,11の合計得点 ⇒ ビジョン得点

アクション得点とビジョン得点はともに6項目から構成されており,5件法で尋ねているため,理論上,最小値は6点,最大値は30点となる。

■ 7-2 協力者

2015年度に「キャリアサポート事前指導」と「キャリアサポート実習」を履修し,以下の3時点すべてに回答した学生58名(2年生55名,3年生3名/男性29名,女性

29 名）であった。

■ 7-3　調査時期

以下の3時点でアンケートへの回答を求めた。なお，第1回は，「キャリアサポート事前指導」の初回の授業に該当し，第2回は，「キャリアサポート事前指導」の最終回の授業，または，「キャリアサポート実習」の初回の授業に該当し，第3回は「キャリアサポート実習」の最後の授業に該当する。

- 第1回：2015年4月
- 第2回：2015年7月または9月
- 第3回：2016年1月

■ 7-4　全体の結果

第1回，第2回，第3回のアクション得点，ビジョン得点の推移を図4-3に示す。両得点はともに，第1回から第3回にかけて上昇していた。アクションは第1回では18.36点であったが，第3回では22.33点であった。ビジョン得点は第1回では，17.76点であったが，第3回では，21.79点であった。

なお，これらの得点は，5件法（「5点：そう思う」「4点：ややそう思う」「3点：どちらとも言えない」「2点：あまりそう思わない」「1点：そう思わない」）で回答を依頼しているため，すべての項目に「どちらとも言えない」と回答した場合は18点となり，すべての項目に「ややそう思う」と回答した場合は24点となる。第1回の時点では，アクション得点もビジョン得点も，およそ「どちらとも言えない」付近であったが，第3回の時点では「ややそう思う」側に近づいていることがわかる。

第1回，第2回，第3回の間で，キャリア意識（アクション得点，ビジョン得点）が異なるのか明らかにするために，1要因の分散分析（被験者内計画）を行なった。その結果，アクション得点，ビジョン得点のどちらにおいても主効果が認められた（$F[2, 114] = 31.93, p < .01$，$F[2, 114] = 21.54, p < .01$）。その後，ボンフェローニ法による多重比較を行なった。その結果，アクション得点においてはすべての間で，ビジョン得点においては第1回と第2回の間，第1回と第3回の間で差がみられた。結果を解釈すると，授業開始時（第1回）から授業終了時（第3回）にかけて，キャリア形成に向けた積極的な活動をできていると感じるようになり，将来に向けた夢や目標，

04 私立大学2年生に対する体験型科目の開発と効果検証

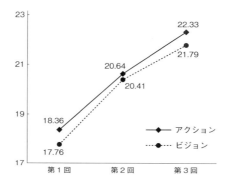

図 4-3　アクション得点およびビジョン得点の推移

やりたいことなどを明確にできていると感じるようになったことを示唆している。

なお，実習を通じてキャリア意識が向上していくことは，梅崎と田澤（2013）によって「キャリア相談実習」のときに検証されている。本章では，「キャリアサポート実習」になって授業内容に一部変更を加えても同様の結果が得られていることを確認した。

■ 7-5　個人へのフィードバック：プロットシートの活用

上記までは，全体的な傾向を量的に把握した結果を示してきた。以降では，個人へのフィードバックについて述べる。

「キャリアサポート事前指導」および「キャリアサポート実習」では，CAVT のアンケートを実施する際に，プロットシートの活用をしている[5]。CAVT は，大学におけるキャリアガイダンスの取り組みを評価するための効果測定用の質問項目として使用できるだけでなく，学生が自分のキャリア意識の発達を知るツールとしても使用することができる（梅崎・田澤, 2013）。ここでは後者の特徴に注目した。

学生はアンケートに回答した後に図 4-4 に示したようなプロットシートへの記入を行った。第 1 回は初回なので，プロットするだけにとどまるが，第 2 回以降は，プロットすることにより CAVT の変化が視覚的に確認できる。第 2 回は，キャリアサポート事前指導の振り返り，第 3 回はキャリアサポート事前指導とキャリアサ

---

5) プロットシートの活用については田澤（2015）も参照のこと。

第2部　専門教育融合型キャリア教育科目

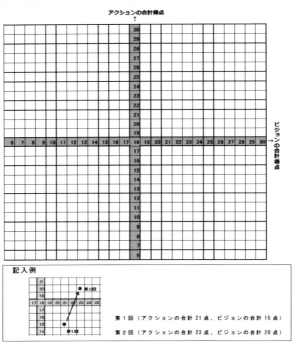

図4-4　CAVT のプロットシート

ポート実習の振り返りを行なったが，その際に，自分のアクション得点およびビジョン得点がどのように変化したか（または変化しなかったか）も含めて，振り返りをした。そして，授業内では，学生一人ひとりがほかの学生に向けて自らの振り返りについて口頭発表をした。

■ 7-6　プロットシートの例

以下には，1名の学生（2年生女子）のプロットシートの例をみていくことにする

(図 4-5)。横軸がアクション得点，縦軸がビジョン得点を示している。第1回（4月）では，アクション 18 点，ビジョン 13 点であった。第2回（9月）ではアクション 19 点，ビジョン 19 点であった。第1回から第2回にかけてプロットは縦方向に移動している。すなわち，ビジョンが上昇したのがわかる。第3回（1月）では，アクション 22 点，ビジョン 19 点であった。第2回から第3回にかけてプロットは横方向移動している。すなわち，アクションが上昇したのがわかる。

この女子学生はこのような CAVT（アクションおよびビジョン）の変化と併せてどのように振り返りをしているのであろうか。第2回（9月）の振り返りと，第3回（1月）の振り返りの内容[6] を表 4-4 に示す。

女子学生は，第1回から第2回の変化について，自らの希望進路と関連づけて振り返りをしていた。ビジョンの得点が上昇したが，ただそれをよしとしてとらえているのではなく，希望進路について一定の「無理」を感じていたことを振り返り，今後は「頑張りたいな」という見通しを示している。女子学生は「以前は人見知りだった」ものの，授業を通じて，「他者の意見を聴くことの大切さ」や「人と話すこと

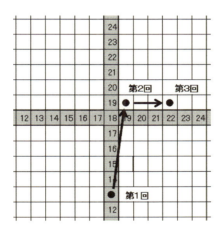

図 4-5　プロットシートの例（2年女子）

---

6) なお，これらのデータは学生の振り返りの口頭発表をテキスト化したものである。（注：各学生の口頭発表時にノートパソコンを使ってメモを取っていた）。口頭発表は内容が大きく変わらないように留意しながら，順序の入れ替え，語尾の修正などの加工が施されている。

表 4-4 振り返りの例（2年女子）

第2回（9月）の振り返り	第1回から第2回の変化についての発言 （アクション：18点⇒19点，ビジョン：13点⇒19点） アクションは変わらなかったが，ビジョンが上がっていた。アクションの面では，楽しいと思うイベントには参加していた。今後は，好きなことや，興味だけでなくて，興味なかったところも見ていきたい。ビジョンが上がったのは現実的になったのだろう。ただ，私の中では良い意味ではない。「将来これは無理だろうな」とか，「この職業も無理だろうな」という意味での"現実的"である。そういうのも寂しいので，もうちょっと自分，頑張りたいなと思う。
第3回（1月）の振り返り	第2回から第3回の変化についての発言 （アクション：19点⇒22点，ビジョン：19点⇒19点） アクションは3個上がっていた。ビジョンは変わらなかった。ビジョンはそのままだが，前向きにとらえるようになったのかなと思った。以前は人見知りだった。授業で，傾聴などコミュニケーションをすることにより，他者の意見を聴くことの大切さを知った。人と話すことの楽しさを知った。こういう経験を通して，まだまだ殻を破っていきたい。

の楽しさ」を知るようになったととらえていた。そして，今後は「まだまだ殻を破っていきたい」という意欲を示している。「キャリアサポート実習」では，総合的に他者と関わる力を身につけることが目指されているが，おおよそそれと関連した内容が語られていたと判断できよう。このように，それぞれの学生は，ただ授業の内容を振り返るのではなく，CAVTのアクション，ビジョンの変化も手がかりにしながら振り返りをしていた。

なお，レポートで必ずしも多くを書かない学生でも，口頭で発表すると，より多くの内容が語られることがあった。書くか話すかという単純な負担の違いの影響もあるかもしれないが，他者の発表を聞いて，自分の発表にも付け足して伝えたくなったり，口頭で発表しながらもその場で考えたことが出てきたりしていたのであろう。

■ 7-7 効果測定からみた教育的効果と課題

以上のように，全体的結果からは，授業開始時から終了時にかけて，キャリア形成に向けた積極的な活動ができていると感じるようになり，将来に向けた夢や目標，やりたいことなどを明確にできていると感じるようになったと解釈できた。この点は教育的効果といえよう。ただし，統制群を設けた結果ではない。これは「キャリ

アサポート事前指導」および「キャリアサポート実習」は選択必修の体験型科目であり，この科目を履修しなくても，ほかの体験型科目は履修することが求められるという制約による。

　また，個人でプロットシートを活用した振り返りを行なったが，これらの結果の違いによる介入のあり方は十分に示しきれていない。現在のところでは，授業に毎回参入しているキャリアアドバイザーが，学習や進路についての個別相談も行なっている旨を学生に周知するにとどめることもある。これらのことは今後の課題である。

第8節 「キャリアサポート事前指導」

　以上，「キャリアサポート事前指導」および「キャリアサポート実習」を総論的に概観してきた。以降では，「キャリアサポート事前指導」から1コマ，「キャリアサポート実習」から1コマを取り上げて，授業の詳細について述べていく。

　「キャリアサポート事前指導」ではワークなどを取り入れながら下記の内容を扱った。

- コミュニケーション（傾聴，質問技法，アサーションなど）
- グループワークのスキル（ファシリテーションなど）
- キャリア教育プログラムの作成と実施

　キャリア教育プログラムを実施するうえで必要になるコミュニケーションおよびグループワークのスキルを学んだ後に，複数回の授業にわたって同一メンバーでキャリア教育プログラムを班ごとに作成した。お互いに発表することでさらにブラッシュアップをかけて，後輩の1年生に対して自らの班が作成したキャリア教育プログラムを実施した。ここではこの第14回の授業について述べる。

■ 8-1　概　要

　第14回では，実際に作成したプログラムを自らの後輩に該当するキャリアデザイン学部1年生に実施した。概要を表4-5に示す。このときには，学部1年生の必修科目である「基礎ゼミ」の1コマと連動した。学部1年生288名は基礎ゼミのクラスごとに16教室に分かれ，「キャリアサポート事前指導」を履修している学生67名は班ごとに分かれて16教室に入った。一クラスあたり，学部1年生は18名程度，

第2部　専門教育融合型キャリア教育科目

表 4-5　学部 1 年生に対するキャリア教育プログラムの概要

日　時	2015 年 7 月 11 日 13:30–16:40
対　象	キャリアデザイン学部 1 年生 288 名（16 クラス）
実習参加人数	「キャリアサポート事前指導」を履修した学生 67 名
体　制	「キャリアサポート事前指導」の担当教員 5 名（※「基礎ゼミ」の担当教員も在室），キャリアアドバイザー 4 名，学生サポーター 3 名
準　備 （プログラム作成）	「キャリアサポート事前指導」の授業 2 コマ
リハーサル	当日 13:30–15:00
実習本番	当日 15:10–16:40

図 4-6　当日の様子

「キャリアサポート事前指導」を履修している学生は 4 名程度であった。当日の様子を図 4-6 に示す。

■ 8-2　プログラムの目的

自分がキャリアを選択するとはどういうことなのか。この点について卒業後や将来への視点も踏まえて，じっくりと考える機会を提供する。

■ 8-3　プログラムのねらい

授業では，「選ぶということ」という共通テーマは設定したが，それをどのようにキャリア教育プログラムに落とし込むのかは学生が判断した。そのため班によってプログラムのねらいは異なるが，以下のような気づきを得ることができた。

①キャリアを選択するとはどういうことか
②その難しさはどこにあるか
③どんな点に留意し，どんな情報を集めればよいか
④決める（選択する）際の自らの基準はどこにあるのか
⑤自らの「決め方」と，ワークに参加した他者の「決め方」の違いはあるのか

■ 8-4　担当教員（田澤）による目的・ねらいの説明

　自分がキャリアを選択するとはどういうことなのかという共通テーマを設定する際に，筆者が担当するクラスでは，マイナー（Minor, 1992）のキャリア発達のプロセスの図を使いながら説明した。マイナー（Minor, 1992）は，それまでのキャリア理論に関する議論について図を示しながら以下の4点にまとめている（図4-7）。

①キャリア発達は生涯を通じた連続的なプロセスである
②キャリア発達はキャリアの選択と適応の両方が関わる
③キャリアの選択と適応は，内容にもプロセスにも関わる
④今までの理論は，キャリアの選択や適応の内容またはプロセスのどちらかに
　焦点をあてがちである

　キャリア教育プログラムを行う際に，班によっては，この図を冒頭で説明するところもみられた。

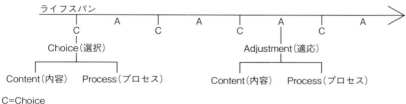

図4-7　生涯を通じたキャリア発達のプロセス
（Minor（1992）をもとに筆者が作図）

■ 8-5　学生によるキャリア教育プログラム例

ここではある班（以下，A班と呼ぶ）が作成したキャリア教育プログラムを具体例として紹介する（表4-6）。

A班は，「キャリアチョイス」という名称のキャリア教育プログラムを作成した。自己紹介後には，大学生活のおおまかな流れの説明をした。たとえば，在学中においても体験型科目の選択，ゼミの選択，領域（発達・教育キャリア，ビジネスキャリア，ライフキャリア）の選択など，時間割に関連することだけでも選択の連続があるために，今から将来について少しずつ考えていかないと時間がなくなってしまうことを示した。その後，マイナー（Minor, 1992）のキャリア発達のプロセスの図を板

表4-6　学生が作成したキャリア教育プログラム例

プログラム名	キャリアチョイス
対象者	大学1年生
目　的	「選択すること」の重要性について考える
ねらい	自分の過去の選択の内容と理由を振り返り，将来の選択の際には，何を重視するか考える
主なツール	ネームカード，ネームホルダー，タイマー　ブロッキー，ポストイット（赤・青・黄緑）
スケジュール	【10分】ネームカード作成および自己紹介 ・自己紹介は「キャリアサポート事前指導」を受講している学生のみ。1年生はアイスブレイクでおこなう。 【5分】大学生活の大まかな流れの説明 ・今から将来について少しずつ考えていかないと時間がなくなってしまうことを示す。 【5分】「選択すること」の重要性を確認 ・マイナー（Minor, 1992）のキャリア発達のプロセスの図を板書し，人生は「選択」と「適応」の繰り返しであることを説明する。 【10分】アイスブレイクと班づくり ・1年生は輪になって自己紹介をする。 ・その際には，名前，出身，次の人への質問を言ってもらう。 ・1年生は1班あたり4-5人になるように分かれる。 【15分】ワーク1：「過去にどんな選択をしてきた？」 ・1年生は成功した選択は赤のポストイット，失敗した選択は青のポストイットに書く。 ・失敗で言いたくないことは書かなくてよいことを伝える。 ・一度ここで，班ごとに発表。 【15分】ワーク2：「なぜそれを選択した？」 ・1年生は，赤のポストイットと青のポストイットの横に黄緑のポストイットを貼る。そこに選択の基準を書く。 【15分】ワーク3：「将来，選択する時は何を重視する？」 ・以上を踏まえたうえで，将来何かを選択するときに，どんなことを重視するべきかブレインストーミングを用いて考える。 ・最後に，班ごとに発表し，全体で共有する。 【10分】アンケートの記入

書し，人生は「選択」と「適応」の繰り返しであることを説明した。アイスブレイクは，次の人への質問を加えるなどの工夫をしていた。

ワークは3段階に分けて展開した。ワーク1では，過去にどんな選択をしてきたのか共有した。その後に，ワーク2では，選択した理由を共有した。この際に成功した選択は赤のポストイット，失敗した選択は青のポストイット，選択の基準は黄緑のポストイットというように色を使い分けているのが特徴的である。また，失敗については言いたくないことは書かなくてよいなど，一定の配慮をしていることもわかる。そして，ワーク3では，将来，何かを選択する際に重視するものを考えるためにブレインストーミングを行なった。

■ 8-6　キャリア教育プログラムを行なった学生のレポートより

なお，A班の学生の一人は，実施後のレポートでは，「最後の全体の共有については時間を十分に取れなかったものの，ワークを実施する際に良い雰囲気をつくることや，ワークの内容を分かりやすく伝えることなどについては達成ができた」ととらえていた。また，実際に作成したワークをリハーサルで自分の班でもやってみたところ，「私は「自分自身の実力に合っているか」ということを選択の際に重視していたことが分かった」「確かにそれも大切なことだが，将来何かを選択する際，自分自身で限界を決めてしまい，可能性を狭めてしまうのではないかと気づいた」「自分一人ではなかなか見いだせなかった答えも，様々な意見を聞くなかで，それぞれが自分になりに答えを見つけることができた有意義な時間だったように思う」ととらえていた。キャリア教育プログラムの作成や実施を通じて，1年生にキャリアについて考えるきっかけを提供しただけでなく，自らのキャリアについても考えるきっかけとなったと考えられる。

第9節　「キャリアサポート実習」

「キャリアサポート実習」では，高校生に対するキャリア教育プログラムを実施した。学生はファシリテーターとして高校生と関わった。その際には，既存のプログラムの運営を補佐する立場であった。

実習の振り返りをおこなった後に，事後指導の一環として，実習で関わった高校生の特徴を踏まえたキャリア教育プログラムをあらたに作成した。ここではこの第14回の授業について述べる。

学生たちは、各班で作成したキャリア教育プログラムを授業内でお互いに実演した。ここではある班（以下、B班と呼ぶ）が作成したキャリア教育プログラムを具体例として紹介する（表4-7）。

■ 9-1　学生によるキャリア教育プログラム例

B班は、「Money Time Travel」という名称のキャリア教育プログラムを作成した。B班は、実習先の高校生の特徴を振り返った際に、ラポール形成に苦労しながらも、そのなかで反応のよかった話題である「お金」が切り口となるととらえており、それを扱ったキャリア教育プログラムを作成した。自己分析および他者理解を深めるために、自分の過去・現在・未来を考え、それを他者と比較する性質のあるプログラムであった。

B班が作成したプログラムは、一貫して、「お金」を扱っていた。自己紹介およびアイスブレイクの際に、「宝くじで1億円あたったらどうしたいか？」という質問を

表4-7　学生が作成したキャリア教育プログラム例

プログラム名	Money Time Travel
実習で関わった高校生の特徴の振り返り	明るく、元気で見た目が派手な高校生が多かった。ラポールを形成する際に、苦労することもあったが、関わった高校生はお金の話には反応がよかった。そこでお金に関連したプログラムを作成することにした。
対象者	高校1年生
目的	自己分析および他者理解を深める。
ねらい	自分の過去・現在・未来を考え、比較することで、自分について考える。それを他者と共有する。
主なツール	ネームカード、ネームホルダー、タイマー　ブロッキー、ポストイット
スケジュール	【5分】教室準備およびグループ分け 【15分】自己紹介およびアイスブレイク ・「宝くじで1億円あたったらどうしたいか？」 【10分】「現在」ワーク ・もし、今（高1）、10万円もらったら何がほしいか書き出す。 【10分】「過去」ワーク ・もし、中学3年生の頃、10万円もらったら何がほしいか書き出す。 【20分】「未来」ワーク ・もし、高校を卒業して1年後、10万円もらったら何がほしいか書き出す。 ・ワークでは、大学生はファシリテーターとしてKJ法を使いながら、高校生と接する。「何に興味関心があり、何にお金を使いたいのか？」「それは時系列によって、変化があるのか？」などに注目して共有していく。 【10分】グループでの振り返り 【10分】全体での振り返り ・自分のキャリアについて考えることができたか？（自己分析） ・他者の興味関心を理解し共感できたか？（他者理解）

用いて，対象者の高校生の価値観を引き出す第一歩としようとしているのがうかがえる。そして，アイスブレイク後には，「10万円をもらったら何がほしいか」を考えてもらうワークを構成した。その際に，「現在（高1）だったらどうか？」「過去（中学3年生）だったらどうか？」「未来（高校を卒業して1年後）だったらどうか？」と3時点に分けて質問をしているのが特徴的である。ワークでは，高校生はお金の使い道をポストイットに1枚1枚記入し，大学生はファシリテーターとして，それらのポストイットを，KJ法を使いながらまとめていった。「何に興味関心があり，何にお金を使いたいのか？」「それは時系列によって，変化があるのか？」などに注目して共有した。最後に，自己分析および他者理解に関連した質問をして，振り返りをした。

9-2 担当教員（田澤）の講評

「お金」と「時間」という二つの視点が入っていることがこのプログラムの特徴であろう。高校1年生に対して，高校卒業後のことを考えるように促しても，なかなかうまくいかないことはめずらしくない。しかし，「お金」という切り口で対象者の価値観（大切にしていることや，好きなもの，興味のあるものなど）を探ることはよくある方法の一つといえる。また，「過去」⇒「現在」⇒「未来」という時系列順ではなく，「現在」⇒「過去」⇒「未来」にしたのが注目すべき点であろう。高1（現在）から中3（過去）の時点での価値を意味づけると，高校卒業後（未来）のことを構想しやすくなると考えたのであろう。キャリアプランニングの際には，ただやみくもに未来のことを考えるのではなく，過去と現在の視点も取り入れることが重要であることはよく知られている。

●引用・参考文献

梅崎 修・田澤 実［編著］(2013).『大学生の学びとキャリア——入学前から卒業後までの継続調査の分析』法政大学出版局

児美川孝一郎 (2008).「サービス・ラーニングとしてのキャリア・サポート活動の可能性——キャリアデザイン学部「キャリア相談実習」の中間総括に向けて」『法政大学キャリアデザイン学部紀要』5, 49–70.

田澤 実 (2015).「大学におけるキャリア意識の発達に関する効果測定テスト（CAVT）の活用事例——学生が自らのキャリア意識の発達を知るツールとして」『進路指導』88(1), 13–22.

法政大学（n.d.）．キャリアデザイン学部＞キャリアデザイン学部について＞キャリアデザイン学部の理念・目的〈https://www.hosei.ac.jp/careerdesign/shokai/rinen.html（最終確認日：2019年5月4日）〉

法政大学「キャリア相談実習」ワーキンググループ［編］（2009）．『大規模私学での大卒無業者ゼロをめざす取組──学生が行う「キャリア相談実習」による職業意識の質的強化──総括報告書』

文部科学省（2006）．「平成18年度現代的教育ニーズ取組支援プログラム選定取組の概要及び選定理由」〈http://warp.da.ndl.go.jp/info:ndljp/pid/286184/www.mext.go.jp/b_menu/houdou/18/07/06072402/009/001.htm#016（最終確認日：2018年7月26日）〉

労働政策研究・研修機構（2012）．「VRTカード事例集──VRTカードの活用と実践に向けて」〈http://www.jil.go.jp/institute/seika/vrtcard/case/index.html（最終確認日：2018年7月12日）〉

Minor, C. W. (1992). Career development theories and models. In H. D. Lea, & Z. B. Leibowitz [eds.], *Adult career development: Concepts, issues and practices* (2nd ed.), Alexandria, VA: American Association for Counseling and Development, pp.17–41.

◆私立大学 2 年生に対する体験型科目の開発と効果検証
田澤実先生への意見

　カリキュラム改革ならびに GP 事業への採択に端を発する本章で紹介された実践は，非常に体系化された 2 年生向けの体験型科目である。「キャリアサポート事前指導」と「キャリアサポート実習」がセットで構成されており，総合的に他者と関わる力を身につけることを目的として設計されている。授業内では体験活動以外にもグループワークなどを積極的に取り入れており，広義の意味では「アクティブラーニング（AL）型授業」（溝上, 2014）の一つとしてとらえることもできよう。このような AL 型授業の効果を高めるうえでは，内容理解が深まるような予習の仕方と，授業内での活動の 2 点が重要であるとされている（紺田ほか, 2017）。この実践ではこれを「キャリアサポート事前指導」を通じた事前準備，「キャリアサポート実習」での活動を連携させることによって，教育効果を高めている。科目単位での授業設計や科目間の連携，そしてディプロマポリシーとの対応関係など，体験型科目の設計・実施運営について考えるうえでも参考になる点が非常に多い。とくに，体験型科目の最大の目玉ともいえる「体験」に関する部分で，高校との連携を図っている点は特筆すべき点であるといえよう。

【ここがスゴイ！】
1. 外部（高校）との有益な関係性を構築・維持している点がスゴイ！
　あまり本文中には記載されていないが，200 名を超える受講生全員が高校生に対してキャリア教育プログラムを実践できるようにするためには，授業設計・運営とは別に，高校との交渉・調整が必要となる。本文中では三つの高校に協力いただいているとあるが，これらの高校と関係性を構築し，プログラムを実施可能なようにするためにされてきた苦労はかなりのものであろう（筆者自身，長期インターンシッププログラムを担当している関係上，外部（企業）とやり取りする機会が多々あるが，授業設計・運営とは異なるたいへんさを感じている）。これを継続して維持できるように体制を整え，外部との有益な関係性を構築している点はとにかくすばらしい，の一言に尽きる。その背景にある苦労や労力，ならびに学内の関係者との調整等々を想像するだけで頭が下がる思いである。

2. 個人へのフィードバックの仕組みがスゴイ！
　効果測定にも使用されているキャリア・アクション・ビジョン・テスト（CAVT）について，授業全体としての効果測定のみならず，授業内での個人フィードバックにも活用している点はすばらしい。受講者自身が自らの成長を可視化することができる点は，受講者が本実践を通じて自信をつけることにもつながるだ

ろうし，全体的な結果として示されている効果検証の結果を裏づけるものともなろう。グループ単位での活動が多いため，グループとしての評価を受ける機会は多々あれど，そこにいる個人に目が向けられる機会はそう多くないと考えられる。この点を補完するものとして，個人フィードバックの仕組みが機能しているものと思われる。

【ここが論点！】
高校生に実施したプログラムの効果，高校からの評価はどのようなものか？

　本実践はプログラム作成・高校での実践という仕組み上，それを体験する高校の協力があって初めて成立するものである。その関係上，最も気になる点がプログラムを経験した高校生に対してどのような効果がもたらされたのか，そして，フィールドとして提供していただいている高校側のリアクションはどのようなものか，という点である。高校側が実際にどのようなメリットを享受しているのか，相互にとって Win-Win となる関係性が維持できなければ，この授業の仕組みを継続していくことは難しいのではないだろうか。とくに，プログラムを経験した高校生からの評価は，作成したプログラムの有効性を評価するうえでも貴重な情報となりうる。本文中に授業としての成績評価に関する記述はみられなかったが，このことは授業としての成績評価にも関係しうる点であるだろうし，これらのフィードバックは高校側も気になる点なのではないだろうか。

　また，高校側からのリアクションには，実践をよりよいものとするヒントが多く隠れているかもしれない。今後の継続・発展におおいに期待したい取り組みである。

[コメント：三保紀裕]

●引用・参考文献

紺田広明・三保紀裕・本田周二・山田嘉徳・森　朋子・溝上慎一（2017）．「アクティブラーニング型授業における予習と外化の効果――マルチレベル SEM による実証的検討」『大学教育学会誌』39(2), 39–47.
溝上慎一（2014）．『アクティブラーニングと教授学習パラダイムの転換』東信堂

◆その後の展開

　本章では，2015年度のデータを主に用いて述べてきた。現在（2019年度）では，いくつかの変更があるのでここに記しておく。

1) 90分×15コマから100分×14コマへ

　近年，複数の大学で導入されているように，法政大学でも90分×15コマから100分×14コマへの変更があった。それに伴い，授業スケジュールも一部変更している。

2)「キャリアサポート実習」の実習が1回から2回へ

　本章では「キャリアサポート実習」で実習に赴くのは1回と紹介しているが，現在では2回となっている。2回目の実習は，1回目の実習でのキャリア教育プログラムを一部修正してから臨んでいる。

3)「他者と関わる力に関連した項目」から「到達目標を参考にした項目」へ

　本章では，プログラムの評価で「他者と関わる力に関連した項目」と紹介しているが，現在では，それぞれの授業の到達目標を参考にした項目作成をしている。なお，2019年度の「キャリアサポート事前指導」の到達目標には「傾聴や質問技法を適切に使うことができる」「アイスブレイク，ワーク，振り返りという一連のプログラムの構成の仕方を理解する」などがあり，「キャリアサポート実習」の到達目標には「実習時に高校生とかかわるためのファシリテーションができる」「高校生を対象としたワークショップ形式のキャリア教育プログラムを考案し，実演ができる」などがある。これらの到達目標を参考にし，独自に15項目程度を設け，4月，7月（または9月），1月の3時点の回答の変化を確認している。これにより，「キャリアサポート事前指導」の開始時から終了時までの変化と，「キャリアサポート実習」の開始時（「キャリアサポート事前指導」の終了時）から終了時までの変化を分けてとらえることを可能としている。

4) プロットシートの一部変更

　本章で紹介しているCAVTのプロットシートは現在でも使えるものであるが，このプロットシートについて一部変更を加えた。なお，CAVTの項目に変更はない。下記資料にAppendixとしてプロットシートの現物を掲載した。

●引用・参考文献
田澤　実・淡河由満子（2018）.「大学における体験型科目を通じたキャリア意識の向上――「キャリアサポート実習」を例にして」『生涯学習とキャリアデザイン』16(1), 87–102.

心理学教育をとおした
社会人基礎力の育成

本田周二

第2部 専門教育融合型キャリア教育科目

◆共通シート:心理学教育をとおした社会人基礎力の育成

開講年次

1年前期	1年後期	2年前期	2年後期	3年前期	**3年後期**	4年前期	4年後期	卒業

大学(学部)	科目名	必修科目/選択科目	
大妻女子大学(人間関係学部)	キャリア心理学セミナー	必修	
カリキュラム上の位置づけ		授業回数	複数科目の連動
学部科目(単独学部)		15回	なし
授業規模(履修登録人数)			
C. 51-100人			
科目担当教員数	科目担当教員属性内訳	教員ミーティング	
3名	専任教員3名(学部専任3名)	あり 定期	

授業の主なねらい

生涯発達といったキャリア心理学の観点から,受講生個々人が,これまでの大学で学習してきたことの意味を確認し,かつ大学生活後半の学習への動機を明確にすることで,一歩前に出る自信と力を引き出せるようにすること

授業スタイル(講義主体,グループワーク主体,外部講師講演主体など)

・前半パート:先輩や心理専門職による講演
・後半パート:三つのテーマに関するグループワーク主体

プログラムの評価

【授業ごと,授業実施中の評価】
・グループワーク中の活動経過報告書における評価
・グループワーク中の机間巡視における観察(必要に応じて介入も行う)による評価
【授業実施後の評価】
・最終成果報告会におけるプレゼンテーションに対する評価

効果検証

「先輩の生き方から自分自身のキャリアを考える」に関するレポートを用いた質的データによる評価

第 1 節　授業の背景・経緯

■ 1-1　授業開設の背景

　本章で取り上げる「キャリア心理学セミナー」（大妻女子大学）を開設するに至った経緯のスタートは，この授業を開講している社会・臨床心理学専攻が現在の名称へと変更され，現在のカリキュラムが完成した 2009 年のことである。専攻が設置された 1999 年より 10 年間，カリキュラムの総合的な見直しを行いながら，質の高い心理学教育を実践してきた。このカリキュラムは，「社会心理学と臨床心理学のバランス」「初年次教育」「積み上げ式コアカリキュラム」「専任教員によるチームティーチング」「グループワーク・討論」「卒業論文の作成」という六つのポイントを重視したものであり，これまでに一定の効果を上げてきた（図 5-1）。しかし，その一方で，専攻のカリキュラムをとおして論理的思考力，共感性・協調性，実務処理能力などを身につけているにもかかわらず，自発的に卒業研究を進めるといった前に踏み出す力や自分自身に対する自信が欠如している学生が数多く存在していること，また，積み上げ式コアカリキュラムの内容についていくことが困難となり，自信を失っている学生が一定数出てきたことが教員間で本専攻の課題として認識されるようになってきた（西河ほか, 2012）。

　これと同時に，全国的に学生のキャリア支援が大学教育において重視されるようになったことも授業開設に至った背景の一つである。専攻の学生の多くは卒業後に一般企業に就職するという事実を踏まえ，心理学教育と学生のキャリア形成との関連，さらに，文系学部専門教育と職業との接続について教員間で真剣に向き合うこととなった（西河ほか, 2012；西河ほか, 2017）。これらの課題を解決するために，本専

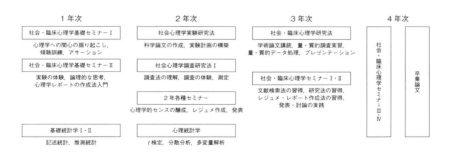

図 5-1　カリキュラム改編前の社会・臨床心理学専攻のコアカリキュラム構造
（西河ら（2012）をもとに作成）

攻の学生の特徴を見据え，学生の意欲を引き出すためのあらたなキャリア支援プログラムを専攻として考えていくための第一歩として，この授業を新規に開講することとした。

■ 1-2　プログラムの着想とその背景

　上記の背景を踏まえ，社会・臨床心理学専攻の積み上げ式コアカリキュラムの改編を行い，「キャリア心理学セミナー」は3年次後期に専任教員が担当する必修科目として位置づけることとした（図5-2）。専門科目としてこの授業を位置づけたことが大きな特徴といえる。2004年に文部科学省が「キャリア教育の推進に関する総合的調査研究者会議報告書」を発表したことを境に，日本全国でさまざまなキャリア関連科目が新設されるようになってきた。しかし，これらのほとんどは教養科目として設置されており，専門科目として位置づけられることはあまりない。一部，専門科目として位置づけられることもあるが，その多くは理系学部や資格との関わりが深い学部であり，文系学部において位置づけられる事例はほぼない。これは，日本の典型的なキャリア教育プログラムは専門科目とキャリア教育科目を両輪でつくり上げられていること，そして，専門教育とキャリア教育の結びつけやすさには学問領域による違いがみられることが理由として考えられる。しかし，世界的な動向をみると，科目によって専門教育とキャリア教育を分けるのではなく，すべての科目において専門教育とキャリア教育双方の視点を組み込みながら展開することがスタンダードになりつつある（加藤, 2015）。これらの点を踏まえると，「キャリア心理学セミナー」を3年次の専門科目として位置づけることは先駆的な試みであるとい

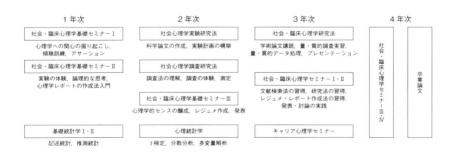

図 5-2　カリキュラム改編後の社会・臨床心理学専攻のコアカリキュラム構造
（西河ら（2012）をもとに作成）

えるのではないだろうか。この授業の開講は，理系学部や資格との関わりが深い学部の専門教育とは異なり，職業との接続が意識しづらい文系専門教育において，職業との接続を目的とするキャリア教育の一つのモデルを提示できる可能性を秘めたものである。

次に具体的な授業内容についてその背景をみていく。はじめに，どのような授業内容にすることが社会・臨床心理学専攻の学生が抱える課題を解決し，社会に出た後に役立つ力を身につけさせることができるのかについて専任教員間での意見交換を行なった。現代社会において，学生が在学中に身につけることを求められている力にはさまざまなものが存在する（表5-1）。たとえば，中央教育審議会大学分科会制度・教育部会（2008）は，学士力を提唱しており，これは「知識・理解」「汎用的技能」「態度・志向性」「総合的な学習経験と創造的思考力」という四つの枠組みでまとめられている。一方で，厚生労働省（2004）は，就職基礎能力を提唱しており，これは，「コミュニケーション能力」「職業人意識」「基礎学力」「ビジネスマナー」「資格取得」という卒業後の就職に直接関わりの強い力を提唱している。社会・臨床心理学専攻では，さまざまな力のなかから，企業社会においてよく知られたモデルである社会人基礎力に着目した。

社会人基礎力とは2006年に経済産業省が提唱した概念であり，「職場や地域社会で多様な人々と仕事をしていくために必要な基礎的な力」として定義されている（経済産業省，2006）。具体的には，三つの能力（前に踏み出す力，考え抜く力，チームで働く力），12の能力要素（主体性，働きかけ力，実行力，課題発見力，計画力，創造力，発信力，傾聴力，柔軟性，情況把握力，規律性，ストレスコントロール力）から構成されている（表5-2）。なかでも，カリキュラムでは社会人基礎力のうち「考え抜く力」「チームで働く力」を具体化した三つのジェネリック・スキルに該当する論理的思考力，コミュニケーション力，ビジネススキルの育成には一定の成果を上げてきていると考えられたため，前に踏み出す力に焦点を当てることとした。専攻の学生に前に踏み出す力を身につけさせることができれば，協調性はあるものの自己に対する自信が乏しい傾向にある学生に主体的に学ぶ姿勢や自信が芽生えてくるのではないかと考えた。そこで，授業の内容として（1）これまでの大学での学びについて振り返る，（2）キャリアモデルを提示する，（3）内向的で受け身的な学生に自信を与える，の3点を組み込み，大学で主体的に学ぶ姿勢と肯定的な自己認知を形成し，自己効力感をもたせるプログラムにするという方向性を定めた（西河ほか，2012）。つまり，授業の目的を，就職活動のための単なるスキルアップとして位置づけるのではなく，心

表 5-1 社会人として求められている力

●学士力（中央教育審議会大学分科会制度・教育部会, 2008）	
知識・理解	多文化・異文化に関する知識の理解，人類の文化，社会と自然に関する知識の理解
汎用的技能	コミュニケーション・スキル，数量的スキル，情報リテラシー，論理的思考力，問題解決力
態度・志向性	自己管理力，チームワーク・リーダーシップ，倫理観，市民としての社会的責任，生涯学習力
統合的な学習経験と創造的思考力	これまでに獲得した知識・技能・態度等を総合的に活用し，自らが立てた新たな課題にそれらを適用し，その課題を解決する能力
●人間力（内閣府, 2003）	
知的能力的要素	基礎学力，論理的思考力，創造力，専門的な知識・ノウハウを持ち，自らそれを継続的に高めていく力など
社会・対人関係力的要素	コミュニケーションスキル，リーダーシップ，公共心，規範意識など
自己制御的要素	意欲，忍耐力，自分らしい生き方や成功を追求する力など
●就職基礎能力（厚生労働省, 2004）	
コミュニケーション能力	意思疎通，協調性，自己表現力
職業人意識	責任感，向上心・探求心，職業意識・勤労観
基礎学力	読み書き，計算・数学的思考，社会人常識
ビジネスマナー	基本的なマナー
資格取得	情報技術関係，経理・財務関係，語学力関係

表 5-2 社会人基礎力（経済産業省, 2006）

●前に踏み出す力（アクション）：一歩前に踏み出し，失敗しても粘り強く取り組む力	
主体性	物事に進んで取り組む力
働きかけ力	他人に働きかけ巻き込む力
実行力	目的を設定し確実に行動する力
●考え抜く力（シンキング）：疑問を持ち，考え抜く力	
課題発見力	現状を分析し目的や課題を明らかにする力
計画力	課題の解決に向けたプロセスを明らかにし準備する力
創造力	新しい価値を生み出す力
●チームで働く力（チームワーク）：多様な人々とともに，目標に向けて努力する力	
発信力	自分の意見をわかりやすく伝える力
傾聴力	相手の意見を丁寧に聴く力
柔軟性	意見の違いや立場の違いを理解する力
情況把握力	自分と周囲の人々や物事との関係性を理解する力
規律性	社会のルールや人との約束を守る力
ストレスコントロール力	ストレスの発生源に対応する力

理学教育をベースに生涯発達の観点から学生のアイデンティティ形成をサポートするものとして位置づけ，さらには，学内外のキャリア支援プログラムに通底する基礎をつくることを目指した（西河ほか，2017）。

次に，上記の提案の妥当性について検証するために，(1) 卒業直前の4年生からみた専攻教育の評価（達成感）および学生の心理学的特質に関する実証研究（西河ほか，2013），(2) 学生からみた専攻教育の評価（達成感）に関する実証的研究（西河ほか，2015）という二つの研究を行なった。(1) の研究では，4年生を対象に，心理学教育をとおしたジェネリックな力（論理的思考力，コミュニケーション力，ビジネススキルなど）の育成を学生がどのように認識しているか，そして，自身がそれらをどの程度習得したと評価しているのかについてたずねた。その結果，習得したと評価している上位三つは，「傾聴力」「協調性」「パソコン操作能力」であり，下位三つは，「リーダーシップ」「自信」「創造力」であった。つまり，学生自身，前に踏み出す力があまり身についていないと評価していることが明らかとなった。

(2) の研究では，全学年を対象に，心理学の専門科目をとおしてのジェネリック・スキル習得認知，キャリア選択の動機づけ，日常生活スキル，大学適応についてたずねた。その結果，3年生は，キャリア選択の動機づけ（将来就く仕事を探すうえで，やりたいことをなぜ探さなければならないと考えているか）に関して，「今考えなければ将来困るから，手遅れになるから」という焦りが大きいこと，ほかの学年と比べて劣等感が高いことが明らかとなった。また，各学年ともに，自尊心や前向きな思考が低いことが明らかとなった。つまり，専任教員間で話し合った際に出てきた学生の特徴について，学生本人も認識していることが明らかとなった。このように二つの研究をとおして，提案の妥当性が実証されたと判断した。また，これらとは別に特徴的なキャリア教育を実践している他大学への視察を行い，情報の収集を行い，授業の内容に関してさらなる修正を行なった。

以上のように，これまでの専任教員間での議論を踏まえた実証的な調査と他大学への視察による情報収集をもとに，社会・臨床心理学専攻の強みと学生の特質を踏まえた3年生のあらたな学部の専門教育科目としてキャリア心理学セミナーを立ち上げることとした。そして，自身のこれまでの専門的な学びを当人のキャリアに結びつけることとジェネリック・スキルの獲得によって前に踏み出す力を身につけ，学生一人ひとりが自信をもってその後のキャリアを歩んでいけるような授業内容にすることを目指した。

第2節　カリキュラム上の位置づけと授業構成

■ 2-1　カリキュラム上の位置づけ

1) 対象年次・半期／通年

「キャリア心理学セミナー」の対象年次は，3年生であり，半期の科目として立ち上げた。

2) 授業規模

授業規模は，必修科目であるため90名ほどである。本授業の構成は先輩や外部講師の話から自身のキャリアを考える前半パートと，三つのコースから一つ選択し，グループワークを行う後半パートの二つで構成されている。担当教員は3名であり，後半パートにおけるそれぞれのコースに1名の教員がつき，指導を行う。

3) 授業回数

授業回数は15回である。

4) 科目の担当教員数

担当教員は3名である。

5) 担当教員間のミーティングの有無

定期的なミーティングとして授業開始の年度当初と授業終了の年度終わりの計2回を設定している。これ以外に，不定期に，担当教員とのミーティングを実施している。

■ 2-2　授業のねらい

「キャリア心理学セミナー」は，生涯発達といったキャリア心理学の観点から，受講生個々人が，大学でこれまで学習してきたことの意味を確認し，かつ大学生活後半の学習への動機を明確にすることで，一歩前に出る自信と力を引き出せるようにすることを主なねらいとしている。このねらいを達成するために，後述するように，大学で主体的に学ぶ姿勢と肯定的な自己認知を形成し，自己効力感をもたせるような授業構成としている。

■ 2-3 授業構成

1）主な授業の内容

本項では，2016 年度に実施した授業内容について報告する（2015 年度に実施した授業内容については西河ら（2017）を参照のこと）。授業構成は先輩や外部講師の話から自身のキャリアを考える前半パートと，三つのコースから一つ選択し，グループワークを行う後半パートの二つに分けられる（表 5-3）。前半パートは主に先輩や心理学の専門性を活かした仕事に従事している社会人の講演を聞き，その後，ディスカッションをとおして，自分自身のキャリアを考える機会として位置づけている。3 年生後期という時期は，ちょうど就職活動といった卒業後の進路について危機感を募らせる時期でもある。そこで，進路の決まった 4 年生にどのように自身の進路を決めていったのか，具体的にどのような行動を起こしたのか，今どのようなことを考えているのか，といった率直な気持ちや具体的なアドバイスを 3 年生にしてもらうようにしている。3 年生たちにとっては目の前で話をしてくれる 4 年生は自分の 1 年後の姿であり，1 年前に自分たちと同じような悩みを抱え，試行錯誤しながら乗り越えていった人たちであるため，身近なロールモデルとしてとらえることが

表 5-3　各授業タイトル

回　数	内　容	授業実施形式
第 1 回	ガイダンス	講義主体
第 2 回	先輩の生き方から自分自身のキャリアを考える 1 ―4 年生から学ぶ，これからの 1 年をどう過ごすかについて―	グループワーク主体
第 3 回	先輩の生き方から自分自身のキャリアを考える 2 ―社会人から学ぶ，心理学の専門性を活かす生き方について―	外部講師講演主体
第 4 回	コース選択，コース別活動 1	グループワーク主体
第 5 回	コース別活動 2	グループワーク主体
第 6 回	コース別活動 3	グループワーク主体
第 7 回	コース別活動 4	グループワーク主体
第 8 回	コース別活動 5	グループワーク主体
第 9 回	コース別活動 6	グループワーク主体
第 10 回	コース別活動 7	グループワーク主体
第 11 回	コース別活動 8	グループワーク主体
第 12 回	コース別活動 9	グループワーク主体
第 13 回	コース別活動 10	グループワーク主体
第 14 回 第 15 回	最終成果報告会	グループワーク主体

できる。このような「少し先のキャリア」をイメージさせるためのものである。

　次に，心理学の専門性を活かした仕事に従事している社会人の講演に関して述べる。在学生の多くは心理学の専門性を活かした仕事と聞くと，「臨床心理士」「スクールカウンセラー」という仕事を思い浮かべる。現実にはほかにも心理学の専門性を活かした仕事は多種多様に存在しているが，これまではそのような知識を提供する機会は必ずしも多くはなかった。そこで，学生の視野を広げることを目的として，家庭裁判所調査官や鑑別所の専門官の方に話をしていただく機会を設けることとした。なお，大妻女子大学は女子大であるため，どちらも女性の方に来ていただくことにした。講演内容としては「職業選択に関する体験談」「具体的な仕事内容について」「学生たちへのメッセージ」といった自身のジョブキャリア，ライフキャリアに関するものについて率直に話していただいた。学生たちにとっては，これまで考えていなかったあらたな心理学の専門性を活かした仕事を知ることで，視野が広がる機会となり，また，女性のキャリアという視点で自身がどのようなキャリアを歩んでいくことができるのかについて考える機会となる。それと同時に「数年先のキャリア」をイメージする機会にもなる。このように，授業の前半では，後半のコース別活動の前段階として，他者の話を聞くことをとおして自分自身のキャリアを考えることとしている。

　後半パートでは，前半パートでの学びを踏まえ，自分自身のこれまでの学びと社会とのつながりについて考えていくことに加え，前に踏み出す力や自信を身につけさせることを目指し，「心理学や本専攻での学びを紹介する作品を制作するコース」「高校生に向けて心理学の紹介をするコース」「本専攻を卒業した先輩にインタビュー調査に行くコース」という三つのコースを用意することとした。まずは，三つのコースについて説明する。

　「心理学や本専攻での学びを紹介する作品を制作するコース」とは，これまでに培ってきた心理学の学びを紹介するための作品（ポスターや動画など）を制作するコースである。入学してから積み上げてきたさまざまな心理学に関する専門的な知識，心理学の面白さ，奥深さについて高校生や後輩に向けて視覚的にわかりやすく伝えることを目指している。本コースをとおして鍛えられる力として，「知識を目に見える形にする力」（クリエイティブな力），「専門知識」「リフレクション力」（これまでを振り返る力）を想定している。本コースのたいへんなところとしては，初めてその作品を見た人が内容について理解できるようなものをつくるために，専門的な知識の理解に加え，何度もつくり替えていく根気が不可欠であること，また，動画など

の場合は，自分たちでデザイン，撮影，編集を行うため，多くの時間を要することである。

「高校生に向けて心理学の紹介をするコース」とは，これまでに培ってきた心理学に関する知識を，高校生に伝えるための授業を実践するコースである。高校までは心理学の授業が行われることはないため，心理学に興味をもっていても詳しい知識を手に入れることはネットや図書館の本などに限定されている。そこで，大学1年〜3年までに学んできた心理学に関する専門的な知識を高校生にわかるような形で伝えることによって，心理学に興味をもってもらうことを目指している。なお，高校での授業に関しては，産業界と連携して実施している。本コースをとおして鍛えられる力として，「プレゼンテーション力」「専門知識」「リフレクション力」（これまでを振り返る力）を想定している。本コースのたいへんなところとしては，自分よりも年下の高校生たちにわかりやすく教えるための深い内容理解と心理学の学び直しが必要であることと，発表の練習に多くの時間が必要になることである。

「本専攻を卒業した先輩にインタビュー調査に行くコース」とは，社会・臨床心理学専攻を卒業し，多種多様なスタイルで自分らしく生活をしている先輩方にインタビュー調査を行うコースである。さまざまな年代や職業の先輩方のなかから自分たちが最も興味をもった先輩にインタビューすることをとおして，「今，大学生のうちに自分たちがすべきことは何か」に関して明確にすることを目指している。前半コースで社会人の方に話をしてもらう機会を設けていたが，それはOGではなく，心理学の専門性を活かした社会人の方に焦点をあてていた。そこで，本コースでは，より自身の将来をイメージしやすいOGに対してインタビューをすることとした。本コースをとおして鍛えられる力として，「社会人マナー」「マネージメント力」「リフレクション力」（これまでを振り返る力）を想定している。本コースのたいへんなところとしては，インタビュー調査を実施するにあたり，「先輩へのアポイント」「日程調整」「インタビュー場所の設定」といった交渉や調整に，時間と労力，社会人としてのマナーや配慮が必要となることと，限られた時間でのインタビューのため，事前の調査準備に多くの時間を要することである。

学生たちはこれらのコースの説明を聞き，自分が希望するコースを自由に選択する。各自コースが決定したら，コース別に分かれ，そこで活動グループ（3，4名程度）を決定する。一つのグループの人数が多すぎるとグループ活動が困難になるため，その点には注意を払いながらグループを作成する。ここから先は，グループごとに自分たちの活動を進めていく。ただし，後述するが，場合によっては1名ない

し，2名での活動も可としている。教員は各コースにつき，1名担当し，学生の指導を行なっていく。3か月ほどのグループ活動を重ね，各グループでの成果を報告するための最終成果報告会を実施する。

　最終成果報告会では，コースごとに学生たちが活動の報告を行うこととしている。「心理学や本専攻での学びを紹介する作品を制作するコース」では，実際に制作した作品を展示し，その説明を行う。「高校生に向けて心理学の紹介をするコース」では，実際に高校で行なった授業をその場で行う。「本専攻を卒業した先輩にインタビュー調査に行くコース」では，インタビュー調査をとおして考えた「今，大学生のうちに自分たちがすべきことは何か」についてのポスター発表を行う。自分たちの学びを他者へ伝えることをとおして，より深い学びへとつなげていくことを目指している。一連の活動を終えた後に，教員同士でのミーティングを行い，次年度の取り組みに反映させることを試みている。

■ 2-4　授業運営，授業展開上の工夫

　「キャリア心理学セミナー」を展開するうえでの工夫としては大きく分けて2点ある。1点目は，コース別の活動において多様な人数構成を可とした点である。社会人基礎力などの社会に出た後に求められる力を育成するための授業の多くは，グループワークを組み込むことがほとんどである。グループ内のメンバーと協力しながら課題に取り組むことで育まれるコミュニケーション力は，社会のなかでとくに求められている。一般社団法人日本経済団体連合会が実施している「新卒採用に関するアンケート調査結果の概要」（日本経済団体連合会, 2016）によると，採用選考時に重視する要素としてコミュニケーション力は13年連続で第1位であり，社会に出た後に求められる力としてコミュニケーション力が重要であることは明白である（表5-4）。事実，コミュニケーション力に不安を抱えている学生は多く，授業などをとおしてコミュニケーション力を鍛えさせることは有益であろう。「キャリア心理学セミナー」においてもグループでの活動を組み込むことによってコミュニケーション力育成を図っている。

　しかし，グループワークにはフリーライダーの出現というリスクが常につきまとう（山田, 2016）。フリーライダーの出現を抑えるために教員によるさまざまな工夫が行われているが，うまくいかずにグループ全体のパフォーマンスが下がってしまうのは望ましいこととはいえないだろう。グループワークは単なる分業ではなく，自律的な個人が集まり，有機的に結びつくことで価値が高まるものである（加

表 5-4　選考にあたってとくに重視した点
(「2016 年度新卒採用に関するアンケート調査結果」(日本経済団体連合会 (2016) より作成)

コミュニケーション能力	87.0%
主体性	63.8%
協調性	49.1%
チャレンジ精神	46.0%
誠実性	43.8%
ストレス耐性	35.5%
責任感	24.2%
論理性	23.6%
課題解決能力	19.7%
リーダーシップ	16.6%

藤, 2009)。また, グループワークよりも個人もしくはペアといった単位で高いパフォーマンスを発揮する学生たちがいることを忘れてはならない。「キャリア心理学セミナー」における最大の目標は, コミュニケーション力を育成することではなく, 前に踏み出す力と自信を育成することである。とくに, コース別の活動ではこれまでの自身の学びを振り返ることが必要であり, これまでの自分と真摯に向き合うことが重要となる。このような理由により, 参加するすべての学生が自分に適したやり方で前に踏み出す力と自信をつけるための活動を行えるように工夫を行なった。

　2 点目は, 最終成果報告会の参加者に入学予定者とその家族まで含めた点である。最終成果報告会を授業のなかに位置づける一つの理由としては, 学生たちが自分たちの活動を他者へ伝えることによって学びをより深化させることが考えられる。そのため, 多くの大学が実施しているこの種の報告会では, 授業に関わった人びとに加えて, 後輩や授業には関わっていない大学内の教職員や地域の人びとに参加を呼びかけることが多い。最終成果報告会においても, 授業担当教員以外の教員への声かけ, 後輩への告知, そして, インタビュー調査への協力を依頼した OG への声かけを行なった。さらに, 報告会では入学予定者とその家族にまで告知を行なった。具体的には, AO 入試や推薦入試で入学することが決定している入学予定者とその家族に向けて, 任意での参加を呼びかけた。学生たちにとっては大学での学びを体験していない人たちに, いかにわかりやすく自分たちの活動を伝えるのかという点を掘り下げて考える必要があるため, 多くの労力を費やすこととなるが, 報告会当

日に参加者からポジティブな評価を受けることによって自信につなげることができる。このように本授業での学びを最大限にするために二つの工夫を行なった。

第3節　プログラムの評価

■ 3-1　授業実施中の評価（形成的評価）

「キャリア心理学セミナー」における形成的評価としては，「活動経過報告書における評価」と「グループワーク中の机間巡視における観察による評価」が主なものとなる。三つのコースに分かれているため，コースごとに多少異なってはいるが，グループでの作業の進捗状況を把握するための資料を学生に作成させ，適宜提出を求めている。それと，授業中の各自の活動を教員が見回ることで把握する，学生一人ひとりに対する評価をもとに判断している。なお，活動自体がうまく進んでおらず悩んでいるグループも出てくるため，評価とは別に適宜介入を行い，活動が円滑に進んでいくようにサポートを行う。

これらに加え，各コースによる独自の形成的評価があり，統合して評価を行う。たとえば，「高校生に向けて心理学の紹介をするコース」では，実際に高校で心理学の紹介を行う前にプレ発表会を実施しており，そこでの発表を学生同士で評価させ，それを形成的評価の一部としている。評価基準は，「対象」（高校生を対象としたものとして，適切か），「情報」（心理学に関する知識・理解を深める度合い，情報量），「表現」（どれくらい見る人を惹きつけたか，クオリティ），「努力」（どれくらい気合いを入れて頑張ったか，手間がかかっている度合い）の4項目について5段階で評価をするものである。発表後に評価をフィードバックすることで，さらなる修正を求め，改善していく。

■ 3-2　授業実施後の評価（総括的評価）

「キャリア心理学セミナー」における総括的評価としては，「最終成果報告会におけるプレゼンテーションに対する評価」がある。最終成果報告会では，上述したように，コースごとに学生たちがパワーポイントや作品，ポスターを用いてこれまでの活動の報告を行うこととしている。ここでの活動報告に関して，担当教員が発表構成や聞きやすさ，論理性，わかりやすさ，質疑応答の適切さなどの観点から評価を行なっている。なお，最終成果報告会では入学予定者やその家族も多く参加している。彼らの多くは心理学に関する発表や先輩たちの発表を聞くのは初めての経験

であり，発表を真剣に聞き，先輩たちの姿に自分の数年後の姿を重ね合わせることとなる。発表者とすれば，真剣に聞いてもらっているという経験それ自体が本授業の目標の一つである大きな自信につながっていく。

第4節 「最終成果報告会」について

　ここでは，授業内容のなかから，授業の集大成である「最終成果報告会」を取り上げる。「キャリア心理学セミナー」では，生涯発達といったキャリア心理学の観点から，学生個々人がこれまでの大学での学びの意味を確認し，かつ，大学生活後半の学習への動機を明確にすることで，一歩前に出る力と自信を引き出すことを授業のねらいとしている。授業は前半パートと後半パートに分かれており，前半パートでは，先輩や心理学の専門を生かした仕事に従事されている社会人の方との対話をとおして，自分自身のこれまでの学びと「少し先のキャリア」「数年先のキャリア」について考えさせる。後半パートでは，三つのコースのなかから自分で一つ選択し，活動を行なっていくことで，一歩前に出る力と自信を引き出していく。最終成果報告会は，後半パートでの活動を人前で発表する機会である。まずは，最終成果報告会について述べていく。

■ 4-1　最終成果報告会とは

　「キャリア心理学セミナー」では，三つのコース（「心理学や本専攻での学びを紹介する作品を制作するコース」「高校生に向けて心理学の紹介をするコース」「本専攻を卒業した先輩にインタビュー調査に行くコース」）のなかから学生が自身の希望するコースを選択し，半期の間実践を行なっていく。学生たちは試行錯誤しながら実践を積み重ねていくなかで，自身のこれまでの専門的な学びについてさまざまな「気づき」を得ることとなる。この気づきを発表する機会として，授業2回分の時間を使い，大学内で最終成果報告会を実施することにしている。最終成果報告会には，学生はもちろんのこと，インタビュー調査を引き受けてくださったOGの方にも参加をお願いしている。そして，最も特徴的な点としては，先にもふれたとおり，次年度入学予定者（AO・推薦入試など）およびその家族にも参加の声かけをしている点である。

　最終成果報告会は，テーマごとに会場を分けて実施をしている。「心理学や本専攻の学びを紹介する作品を制作するコース」に関しては，実際に制作した作品を展示し，参加者に向けて説明をする形式をとっている。「高校生に向けて心理学の紹

第2部　専門教育融合型キャリア教育科目

図5-3　最終成果報告会風景

介をするコース」に関しては，1グループ20分ほどで参加者に向けて実際に心理学の体験授業を実践している。「本専攻を卒業した先輩にインタビュー調査に行くコース」に関しては，インタビューを実施することをとおして学んだ気づき（今，私たちがするべきことは何か）についてまとめたポスターを展示し，参加者に向けて説明する形式をとっている。全体で3時間ほどの時間を使い，実施することにしている。なお，2016年度の最終成果報告会では，受講生である3年生と授業担当者以外に，74名（入学予定者，家族，卒業生，教職員，その他）の参加があり，160名ほどの規模で行われた（図5-3）。

■ 4-2　最終成果報告会を実施する意義について

「キャリア心理学セミナー」において最終成果報告会を実施する意義として最も大きいものは，各コースで行なってきた活動の評価を他者への発表をとおして認識することによって，大学での学びと社会とのつながりを意識することができるようになること，そして，それによって当人たちの自信を引き出すことができることである。グループで成果物を作成する過程では，授業担当の教員から受ける形成的評価やプレ発表会などにおいて同学年の学生から受ける評価が，自身の活動を客観的にとらえる機会となる。もちろん，活動をとおしての気づきといったものは多いと考えられるが，授業の大きな目標である「大学での学びと社会とのつながりを理解する」「自信を引き出す」という点においては，さらなる仕掛けが必要であると考えられる。

その仕掛けとして，最終成果報告会が担う役割は大きい。現在，さまざまな大学においてPBLのようなアクティブラーニングの手法を取り入れた授業やインター

ンシップが盛んに行われており，そこでは成果報告会という形で自分の活動について他者に伝える機会が設けられているところが多い。このような機会は当人にとって学びをより深化させることに役立つものであり，最終成果報告会も同様に位置づけられる。しかし，最終成果報告会では，在校生や学内の教職員はもちろんのこと，専攻を卒業した OG や次年度入学予定者およびその家族に対して発表をするというように発表する相手が多様であることがほかの報告会とは異なっている。発表する学生にとっては，先輩や後輩に向けて自分たちの活動を伝えることになるので大きな緊張を伴うことになるが，そこでの経験は大きいものだと考えられる。

　まずは，OG の前で発表することの意義について考える。社会・臨床心理学専攻を卒業した OG は，専攻の学びを体得し，それをもとに社会で力を発揮している。つまり，専攻の学びと社会とのつながりについて実感を伴いながら活躍している人たちであるといえる。一方で，授業を履修している学生たちは，現段階では必ずしも専攻の学びと社会とのつながりについて実感を伴った理解ができているわけではない。そこで，OG へ向けた発表をし，コメントをもらうことによって，自身のこれまでの学びと社会とのつながりを強く意識することができるようになる。それと同時に，自身の数年後の姿をイメージしながら，自身の足りない点，今後やるべきことについて認識できるようになる。

　次に，入学予定者およびその家族に対して発表することの意義について考える。近年，大学の入試改革が進み，大学入学者選抜試験において一般入試以外にも AO 入試や推薦入試といった多様な入試形態が実施されるようになっている。文部科学省（2016）によると平成 29 年度国公立大学入学者選抜においては，47% が AO 入試，95% が推薦入試を実施している。AO 入試や推薦入試は一般入試よりも早い段階で実施されることが多いため，それらの入試で合格した高校生は入学までの期間が長い。加えて，心理学に関する知識は，高校までの授業で扱われることがないため，入学予定者となった高校生およびその家族は，入学してからの期待と不安が入り混じった状況で，最終成果報告会に参加している。もちろん，オープンキャンパスや教員による模擬授業といったものはあり，実際に参加している人が多いと考えられるが，そこで専門的な学びについて多くの情報を得ることはなかなか難しいだろう。つまり，最終成果報告会は彼／彼女らにとって，社会・臨床心理学専攻の専門的な学びについて深くふれる最初の機会となっている。ここでの「キャリア心理学セミナー」を履修している学生たちの立場は，上述した OG への発表のときとは異なり，自身が専攻の学びを体得している先輩として評価されることとなる。これ

147

は，学生たちにとってはOGへの発表とはまったく異なる重圧を抱えて発表をすることになるが，心理学や社会・臨床心理学専攻での学びに詳しくない相手に理解してもらえるような説明を行うことで達成感を得ることができ，それが自分自身の自信につながっていく。これらが「キャリア心理学セミナー」において最終成果報告会を実施する大きな意義であると考えらえる。

■ 4-3 最終成果報告会参加者アンケートについて

最終成果報告会では，今後の改善点の把握および学生へのフィードバックを目的として，参加者にアンケートを実施している。具体的には，参加者の属性，最終成果報告会に対する評価，時間の長さに関する評価，成果報告会に関する感想などについて回答を求めた（表5-5）。本項ではこのアンケート結果について報告する。

アンケートは全参加者のうち，60名（入学予定者38名，ご家族・ご親族19名，卒業生2名，その他1名）から回答を得た（表5-6）。満足度および時間の長さについて表5-7，5-8に示す。満足度に関しては，60名中，未回答の1名を除く59名が「面白かった」「どちらかといえば面白かった」に回答をしていた。また，時間の長さに関して，1名のみ「長い」という回答であったが，それ以外は未回答の5名を除き，54名が「ちょうど良い」と回答をしていた。プログラムの内容や時間の長さに関して，概ね参加者のニーズに答えることができていたと判断できる。次に最終成果報告会に関する感想（自由記述）について報告する（表5-9）。最終成果報告会に関する感想に関して，60名の回答者よりさまざまな感想を得た。1名が複数の記述を行なって

表5-5 最終成果報告会 参加者アンケート

問1	属性	入学予定者，ご家族・ご親族，ご友人，卒業生，その他
問2-1	成果報告会全体に対する評価	面白かった，どちらかといえば面白かった，どちらかといえば面白くなかった，面白くなかった
問2-2	成果報告会の時間の長さに関する評価	長い，ちょうど良い，短い
問3	参加した内容	口頭発表，ポスター発表，作品展示
問4	成果報告会で発表を聞いたところの中で，最も面白かった発表グループ	グループ名を記入
問5	成果報告会に関する感想	自由記述
問6	成果報告会を聞いて，最も興味を持った（自分もやってみたいと思う）内容	口頭発表，ポスター発表，作品展示

※問6は入学予定者のみ回答

いたため，全部で 98 の記述が得られた。この記述に関して，KJ 法に準拠し，分類を行なったところ，三つのカテゴリーに分かれた。一つめは，「入学意欲の向上，先輩への憧れ」（例：見ていて自分も早く勉強したいと思いました）である。これが最も多く記述されていた。最終成果報告会で 3 年生の発表を聞くことによって，入学や専攻での学びに対する期待が強くなったこと，それと同時に，発表をしていた先輩たちへの憧れや自分自身も 3 年後に同じような発表をしたいという目標設定をしていることが記述されていた。二つめは，「発表の楽しさ，分かりやすさ，興味深さ」（例：とても興味をもって学習することができて楽しかったです）である。最終成果報告

表 5-6　最終成果報告会回答者の属性

入学予定者	38
ご家族・ご親族	19
卒業生	2
その他	1
合　計	60

表 5-7　最終成果報告会満足度

面白かった	54
どちらかといえば面白かった	5
どちらかといえば面白くなかった	0
面白くなかった	0
未回答	1
合　計	60

表 5-8　最終成果報告会時間の長さ

長　い	1
ちょうど良い	54
短　い	0
未回答	5
合　計	60

表 5-9　最終成果報告会　感想（自由記述）

カテゴリー	自由記述（一例）
入学意欲の向上，先輩への憧れ	四月からの学びがとても楽しみになりました。 見ていて自分も早く勉強したいと思いました。 3 年後こんな先輩たちのように発表できるよう努力したいと思いました。
発表の楽しさ，分かりやすさ，興味深さ	とても面白くて勉強になりました。 とても興味を持って学習することができて楽しかったです。 心理学に益々興味を持てました。
大学の雰囲気の理解	学生さんの発表を聞いてこれからの想像が膨らんだ。 大学の雰囲気が少し伝わってきました。 先生と学生が仲良さそうに感じました。

会での内容に関するポジティブな評価が記述されていた。三つめは,「大学の雰囲気の理解」(例:大学の雰囲気が少し伝わってきた)である。大学の授業に実際に参加する機会は高校生にとって初めての経験であると考えられ,学生同士,そして,学生と教員との関わりを目の当たりにすることで,数か月後に始まる大学の授業をリアルに感じることができたのであろう。

このように,参加者のアンケート結果をみると,最終成果報告会は,発表した学生たちにとってのみ意義のあるものであっただけでなく,参加した人たちにとっても意味のある機会となっていたと判断できるのではないだろうか。なお,これらの結果については,受講生である3年生にフィードバックをしている。この結果をみることによって,さらに自信を深めることができると考えられる。

■ 4-4 ま と め

本節では,心理学教育をとおした社会人基礎力の育成に関する授業内容のなかから,「最終成果報告会」を取り上げ,最終成果報告会を行うことの意義とその効果について報告してきた。ある特定のテーマに沿って活動を行なっていくだけのPBL型のアクティブラーニングでは,深い学びや「キャリア心理学セミナー」の目標としている大学での学びと社会とのつながりを意識させること,当人に自信をつけさせることは難しく,他者への発表を組み込むことが,必須であると考えられる。そして,どのような他者に向けて発表をさせるのかということまでしっかりと設計することが,発表した学生たちの成長をより大きなものにできるのではないだろうか。

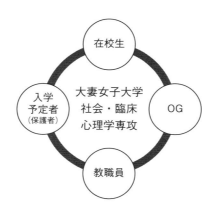

図5-4　最終成果報告会による四者関係の形成

さらに，副次的なものではあるが，入学予定者およびその家族，在校生，OG，そして教職員という，入学前から卒業後まで本専攻に関わる人びとがいっせいに集まることによって四者関係を形成することができる（図5-4）。この関係を継続していくことによって，社会・臨床心理学専攻の教育内容が充実し，それにより学生への教育の質が向上するという好循環を生み出す可能性があるのではないかと考えられる。

第5節　効果検証

「キャリア心理学セミナー」を通じて期待される効果は，(1) 社会・臨床心理学専攻での学びと社会とのつながりを意識することができるようになること，(2) 今後の大学生活に対する目的意識をもつことができるようになること，(3) 大学生活における主体的態度を形成することができるようになること，(4) 前に踏み出す力が向上すること，(5) 自信が高まること，の五つである。これらのうち，(1)～(3) に関しては，「「先輩の生き方から自分自身のキャリアを考える」に関するレポートを用いた質的データによる評価」によって効果を検証している。「キャリア心理学セミナー」では，前半パートにおいて，先輩や心理学を活かした仕事に従事されている社会人の方との対話をとおして，自分自身の「少し先のキャリア」と「数年先のキャリア」について考えてもらうこととしている。そこで，先輩たちとの対話に関して，「大学3年間の学びが就職活動や進路選択にどのようにつながっていると思うか」「これから卒業するまでの間に自分自身が身に付けた方が良いと思う力と，やった方が良いと思ったこと」についてレポートを課している。ここでは，自身のこれまでの学びや今後への展望を，できるだけ具体的に関連づけて記述することができているかといった視点で評価を行なっている。

「大学3年間の学びが就職活動や進路選択にどのようにつながっていると思うか」「これから卒業するまでの間に自分自身が身に付けた方が良いと思う力と，やった方が良いと思ったこと」に関して，それぞれ62名の記述（一人平均450文字程度）を得た。これらの記述に関して整理を行い，期待される効果が得られているのかどうかについて考察する（表5-10）。まずは，「大学3年間の学びが就職活動や進路選択にどのようにつながっていると思うか」の記述について述べる。ここでは，先輩との対話や，社会・臨床心理学専攻のコアカリキュラムに関わる授業や授業をとおして身についたジェネリック・スキルが，就職活動や進路選択につながっているという気づきを得ている学生がほとんどであった。具体的には，1年次からのセミナ

表 5-10 「先輩の生き方から自分自身のキャリアを考える」に関するレポート記述例

課題	記述（一部抜粋）
大学3年間の学びが就職活動や進路選択にどのようにつながっていると思うか	・大学3年間で行なってきた心理学の学びはコツコツと根気強く続けていかなければならない作業が多くあり，就活にも必要な忍耐力が身につけられているというお話を聞けました。今までにやってきた調査や実験，分析，レポートはがむしゃらにやってきていましたが，それが忍耐力につながっていることに気付けました。心理学の授業では，統計などでパソコンを使ってきましたが，就活での面接でパソコンを授業でやってきたことも一般事務の職種なら有利であるということを聞いて，苦労して分析をしていますが，これが得意になったら自分が受けてみようと思う業界の幅も広がることにつながっていくのかもしれないと思いました。今までの学びと就活は別としてとらえていた部分も多くあったのですが，つながっている部分が意外と多いのだと気づくこともできました。 ・先輩は，この三年間で，論理的思考が身についたとおっしゃっていた。具体的に言うと，自分で筋道を立てて，考える能力が付き，それは，自分が将来どのようになりたいのかを考えていくうえでとても役立つことだとおっしゃっていた。それを聞いて，今まで大変でめんどくさいと思っていた，論文の書き方，特に問題の部分の書き方がその部分につながっているのかなというように考えた。さらに，自分で物事を考え，調べることやわからないことをわからないままにしないということも身についたし，それは，どのような大学院に行きたいのか，人から言われるのでなく自分から行動していくことにつながるということを聞いた。高校では，ただ言われるがままの授業をしていたが，大学に入って，研究のテーマを自分で決め，研究の仕方や質問紙の作り方も自分たち自身で試行錯誤していく授業や，グループワークなどで主体性を養う授業が多かったことで，この能力が身についていったのかなというように思った。
これから卒業するまでの間に自分自身が身に付けた方が良いと思う力と，やった方が良いと思ったこと	・今日のディスカッションでは先輩は，行動力が大切であるとおっしゃっていました。行動力は常日頃から自分に足りないと感じていたので，お話を聞いて自分も行動力を身につけるべきだと感じました。行動力を身につけることで，負の感情に飲み込まれないようになり，自分の気持ちと向き合えて楽になったと聞いて自分も行動してみる勇気を持ちたいと思いました。 ・先輩方とのディスカッションを通して，「早めの対策」「自己分析」「社会のマナーを意識する」の3つをやっておくべきであると強く思いました。SPIや一般常識は，1か月，2か月で成績が大きく変わるものではないとおっしゃっていて，早く始めれば始めるほど良いと聞きました。また，面接練習やグループディスカッション等もいきなりできるものではないので，早めのうちから練習をしていきたいです。「自己分析」は，自分のアピールポイントを見つけたり思考パターンを知る良いチャンスだと聞きました。日ごろから自己分析をしておくことで，その会社で自分は何がしたいのか，何をアピールできるのかが出てきやすくなると思います。最後に「社会のマナーを意識する」ということですが，先生方に送るメールやアルバイト先に送るメール，電話，すべてが社会に出る上で大切な練習になるそうです。練習できる大切な機会を無駄にしないようにしたいです。

05　心理学教育をとおした社会人基礎力の育成

ーをとおして身につけた「傾聴力」「論理的思考力」，統計に関する授業をとおして身につけた「PCスキル」「忍耐力」，多くのグループワークをとおして身につけた「コミュニケーション力」などである。これらは，社会・臨床心理学専攻が一貫して教育している三つのジェネリック・スキル（論理的思考力，コミュニケーション力，ビジネススキル）に対応しているものであった。そして，これらの力が社会人に求められる力として非常に有益であるという気づきを得ることができ，今後の授業に対する意欲が高まっていた。

　次に，「これから卒業するまでの間に自分自身が身に付けた方が良いと思う力と，やった方が良いと思ったこと」の記述について述べる。ここでは，多くの記述が数か月後に始まる就職活動への対策（自己分析，業界研究，SPI，マナーなど）や大学院受験に関する内容について言及していた。本章1-2「プログラムの着想とその背景」（☞ pp.134–137）において述べたように，本章で紹介した教育プログラムを作成するにあたり，学生からみた専攻教育の評価（達成感）に関する実証的研究（西河ほか，2015）を行なっている。その結果，3年生はほかの学年と比べて，将来に対する焦りが大きいことが明らかになっている。そのような焦りが大きい3年生にとって，就職活動や大学院入学試験などを終えた先輩方との対話は，将来の焦りを解消するためのより具体的なアドバイスに意識が集まりやすいのであろう。そして，それらの次に「主体性」「行動力」というキーワードが記述されていた。先輩との対話をとおして，主体性や行動力を身につけることの重要性を認識するようになると考えられる。

　以上のように，「「先輩の生き方から自分自身のキャリアを考える」に関するレポートを用いた質的データによる評価」を分析した結果，(1)社会・臨床心理学専攻での学びと社会とのつながりを意識することができるようになること，(2)今後の大学生活に対する目的意識をもつことができるようになること，に関しては，期待された効果が表れていると判断できる。(3)大学生活における主体的態度を形成することができるようになること，に関しては，はっきりと効果があったとまではいえないが，主体的態度の形成の重要性を理解することができるようになったと判断することができるのではないだろうか。

　最後に，今後の課題について2点述べる。まず，「キャリア心理学セミナー」は2015年度よりスタートした科目のため，まだまだ試行錯誤の段階であり，毎年改善を重ねている状況である。専門科目におけるキャリア教育科目として実施時期や内容を含め，さらなる検証が必要であると考えている。たとえば，就職問題懇談会（2016）は，インターンシップを含む初年次からのキャリア教育の充実を提言してい

る。事実，近年多くの企業が実質的には就職活動に関わりの深い，低学年からのインターンシップに力を入れており，多様な形での就職活動の早期化は，避けられないと考えられる。これらを踏まえると，もう少し早い段階で自身のこれまでの学びを振り返り，自身のキャリア形成について意識をもたせることは大切であろう。しかし，現在は，3年生後期に授業を開講しており，授業をとおして感じた自身の志向やその気づきをもとに，あらたな経験を積み上げる期間を確保できないまま，就職活動を迎えることになる。この点を解消するためには，授業の開講時期を3年生前期に配置するということが有用なのかもしれない。

2点目は，教育効果検証の充実である。「キャリア心理学セミナー」では，専門的な学びと社会とのつながりを意識させることをとおして，前に踏み出す力と自信の向上を目標に授業を実践しているが，実際にその力が伸びたのかについての検証はまだ不十分である。まずはその点を改善していく。松下（2016）は，学習評価を直接評価・間接評価の軸と量的評価・質的評価の2軸により四つのタイプに整理している（図5-5）。これらのなかでも「キャリア心理学セミナー」のようなアクティブラーニングを中心とした授業における教育効果を測定するためには，「学習者による自身の学びについての記述」「質問紙調査」「パフォーマンス評価・ポートフォリオ評価」といった複数の視点を組み合わせて検証していくことが大切である。さらに，今回の授業によって実際に自身のキャリアが望むような方向へ変化したかについては，縦断的に学生を追跡調査することが重要であろう。この点を明らかにすることで，よりよい授業となっていくものと考えられる。「キャリア心理学セミナー」は，人文・社会科学分野における学部の専門科目にキャリアの視点を導入した非常

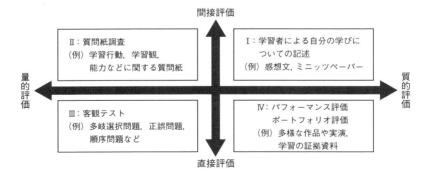

図5-5　学習評価の四つのタイプ（松下, 2016）

に珍しい授業科目である。今後も，授業担当教員，OGなどと試行錯誤しながら改善をつづけていくことで，職業との接続が意識しづらい文系専門教育において，職業との接続を目的とするキャリア教育の一つのモデルを確立し，提示していきたいと考えている。

●引用・参考文献
加藤敏明［編集代表］（2015）．『インターンシップのプロになる！――まず，何から始めるか？ ポイントをしっかり教えます！』悠光堂
加藤文俊（2009）．「地域活性のための経験学習プログラムのデザインと実践――豊橋市電沿線におけるフィールドワーク事例として」『地域活性学会研究大会論文集』1, 163–166.
経済産業省（2006）．「社会人基礎力に関する研究会「中間とりまとめ」」〈http://www.meti.go.jp/policy/kisoryoku/chukanhon.pdf（最終確認日：2017年6月1日）〉
厚生労働省（2004）．「「若年者の就職能力に関する実態調査」結果」〈http://www.mhlw.go.jp/houdou/2004/01/dl/h0129-3a.pdf（最終確認日：2017年6月1日）〉
就職問題懇談会（2016）．「平成29年度大学，短期大学及び高等専門学校卒業・修了予定者に係る就職について（申合せ）」〈http://www.mext.go.jp/b_menu/houdou/28/09/1377711.htm（最終確認日：2017年6月1日）〉
中央教育審議会大学分科会制度・教育部会（2008）．「学士課程教育の構築に向けて（審議のまとめ）」〈http://www.mext.go.jp/component/b_menu/shingi/toushin/__icsFiles/afieldfile/2013/05/13/1212958_001.pdf（最終確認日：2017年6月1日）〉
内閣府（2003）．「人間力戦略研究会報告書」〈http://www5.cao.go.jp/keizai1/2004/ningenryoku/0410houkoku.pdf（最終確認日：2017年6月1日）〉
西河正行・向井敦子・八城 薫・古田雅明・香月菜々子・福島哲夫・加藤美智子・田中 優・堀 洋元（2012）．「「キャリア心理学セミナー」に関する授業研究（第1報）――専攻カリキュラムにおける位置づけと授業の目的」『人間関係学研究』14, 35–42.
西河正行・向井敦子・八城 薫・古田雅明・香月菜々子・福島哲夫・加藤美智子・田中 優・堀 洋元（2013）．「「キャリア心理学セミナー」に関する授業研究（第2報）――学生評価から見た専攻コア・カリキュラムの教育効果」『人間生活文化研究』23, 209–215.
西河正行・向井敦子・八城 薫・古田雅明・香月菜々子（2015）．「心理学教育を通した社会人基礎力の育成」『人間生活文化研究』25, 1–14.
西河正行・八城 薫・向井敦子・古田雅明・香月菜々子（2017）．「「キャリア心理学セミナー」の授業概要と意義――心理学教育を通した社会人基礎力の育成」『人間生活文化研究』27, 259–268.
日本経済団体連合会（2016）．「2015年度新卒採用に関するアンケート調査結果の概要」〈https://www.keidanren.or.jp/policy/2016/012_gaiyo.pdf（最終確認日：2017年6

月 1 日)〉
松下佳代（2016）．「アクティブラーニングをどう評価するか」松下佳代・石井英真［編］『アクティブラーニングの評価』東信堂, pp.3-25.
文部科学省（2004）．「キャリア教育の推進に関する総合的調査研究協力者会議報告書――児童生徒一人一人の勤労観，職業観を育てるために」〈http://www.mext.go.jp/b_menu/shingi/chousa/shotou/023/toushin/04012801/002/010.pdf（最終確認日：2017 年 6 月 1 日)〉
文部科学省（2016）．「平成 29 年度国公立大学入学者選抜について」〈http://www.mext.go.jp/a_menu/koutou/senbatsu/__icsFiles/afieldfile/2017/10/27/1397610_02.pdf（最終確認日：2019 年 8 月 27 日)〉
山田邦雅（2016）．「理系の観点から見たアクティブラーニングの課題」『大学教育学会誌』38(1), 82-85.

◆心理学教育をとおした社会人基礎力の育成
本田周二先生への意見

　ここで紹介された実践は，専門教育のカリキュラム改革の過程で，学生の「前に踏み出す力」が不十分ではないかという教員の実感と，それを裏づける調査結果を踏まえて立ち上がった貴重な取り組みである。大学で主体的に学ぶ姿勢と肯定的な自己認知を形成し，自己効力感をもたせるという目的で始まった「キャリア心理学セミナー」は，上級生や外部講師の講話から今後のキャリアを考えることで授業後半の活動を動機づける機能を有している前半パートと，三つのコースに分かれて活動を行う PBL 型の後半パートで構成される。これらの授業構成には後述する学生のキャリア発達を促すための「仕掛け」が各所にあり，課題は残されているものの特筆すべき教育効果をあげていると考えられる。

【ここがスゴイ！】
1. 授業を立ち上げた経緯がスゴイ！：ニーズの把握と専門教育との融合

　キャリア教育に資する授業を立ち上げる場合，外部業者やキャリアの専門家など学部教育と直接関連のない人間が担当者となる場合がある。しかしこの場合の授業内容は，どの大学の学生であっても通用する，いわば「お仕着せ」のプログラムとなることが多い。本田先生の実践は大妻女子大学で長年にわたって継続されてきたカリキュラム改革の過程で，目の前の学生たちがどんなことに苦戦しているか，つまり学生のニーズをもとに立ち上げている。そしてその確認にエビデンスとなるデータを用いている。さらにそれだけでなく，それが学部の教育目標とマッチするようになっている。そのことによって専門教育のなかにキャリア教育を融合しているのである。ここが一つめのスゴイ！である。

2. 目的と手段の整合性がスゴイ！

　学生の「前に踏み出す力」や自己効力感を育成するという目的を達成するためには，まずその価値を伝えるために学生を動機づけ，準備をさせて実際に行動を起こし，学生自身がそれらの過程を振り返り，さらに他者からフィードバックを受けることで学生自身がそれらを成功体験として受け止められるというサイクルをつくることが必要である。そして「キャリア心理学セミナー」にはこのすべての要素が揃っている。かの山本五十六が好んだ名言として「やってみせ，言って聞かせて，させてみせ，ほめてやらねば，人は動かじ。話し合い，耳を傾け，承認し，任せてやらねば，人は育たず」という言葉があるが，まさにこのとおりである。またこの価値はバンデューラ（Bandura, 1977）の社会的学習理論で示されている自己効力の四つの源泉という観点からも裏づけられる。その具体例の一つは後半パートで

行われた活動の一つである社会人へのインタビュー調査である。このプロジェクトを選択した学生は所属する社会・臨床心理学専攻のOGにインタビューを行うことになっている。そのため自分の将来をイメージするための最適なキャリアモデルと実際に会って話を聞けるのである。これは前述のように専門教育と融合したキャリア教育科目であり，学科全体として注力している授業であるからこそ成立するものであろう。外部委託はもちろんのこと，たとえ学科内の教員であっても担当者一人の力で準備できる教育環境ではないのではないだろうか。これが二つめのスゴイ！である。

【ここが論点！】
1.「大学生活における主体的態度の形成」の成否を論じるはやや早急か？
　p.153 では学生のレポートにもとづく質的データの分析結果から，主体的態度の形成について「はっきりと効果があったとまではいえない」と言及されている。しかしながらこの点についてはこの授業を受講した学生の追跡調査によってこそ裏づけられるものであると考えられる。そのため，現時点では「効果があったかどうかはまだ十分に検証できない」とするほうが適切なのではないだろうか。今後の検証を待ちたいところである。

2. 授業の開講時期について
　3年生後期という開講時期について，大学3年生の夏期インターンシップなどとの兼ね合いなどから，もう少し早めるべきかどうかと思案されている。しかし学問と自分のキャリアを紐づけて考えるという「キャリア心理学セミナー」の本質から考えると，ある程度専門教育を学んできているこの時期だからこそ成立しているのではないかと考えることもできる。専門科目とキャリア教育の融合や学生のキャリア発達過程を見据えると，キャリア教育科目の適切な開講時期というのは非常に難しい問題である。そのため試行錯誤と検証を繰り返しながら適切なタイミングを見定めていくことが必要なのだろう。このような不断の努力がわれわれキャリア教育の研究，実践に携わる者には求められているのだろうと考えられる。
　　　　　　　　　　　　　　　　　　　　　　　　　　　［コメント：永作　稔］

●引用・参考文献
Bandura, A.（1977）. Self-efficacy: Toward a unifying theory of behavioral change. *Psychological Review*, *84*(2), 191–215.

05 心理学教育をとおした社会人基礎力の育成

◆その後の展開
　2015年度より開講した「キャリア心理学セミナー」も2019年時点で5年目を迎えている。本章で紹介した時点からの変更点について二つお伝えしたい。一つめは，開講時期を3年生後期から3年生前期に変更したことである。本章の課題においても述べたように，授業をとおして感じた自身の思考や気づきをもとに，あらたな経験を積み上げる期間を確保するためには，開講時期を早めることに意義があると考え，2018年度より変更を試みた。変更してまだ2年目に入ったばかりなので，結論づけることは難しいが，よかった点とさらなる検討を要する点のどちらもみえてきている。よかった点としては，夏休みにインターンシップなどのキャリアに関する活動を行う人数が増加したことである。この変化は期待していたとおりのものであった。一方，ほかの必修授業も前期に配置されており，学生の負担が大きくなってしまったことや最終成果報告会に入学予定者やその保護者に呼びかけができなくなったことといった課題があらたに出てきた。学生の負担については，次年度以降，カリキュラムの変更に伴って解消されることが予想されるが，開講時期については引き続き，検討していきたい。
　二つめは，教育効果を検証するためにプレポストの調査を実施するようになったことである。調査内容としては，CAVT（下村ほか，2009），学業と職業の接続に対する意識（半澤・坂井，2005），働くことに対するイメージ，社会人に対するイメージの四つである。2018年度の結果としては，CAVTに関して，すべての項目でプレよりもポストで有意に得点が上昇していた。とくに，「将来のことを調べて考える」「何事にも積極的に取り組む」の得点が高く，「キャリア心理学セミナー」のねらいである「前に踏み出す力」が授業をとおして向上したことを示すことができた点は，大きな意義があった。しかし，学業と職業の接続意識に関して，有意な変化は認められなかった。本授業を開講した背景には，職業との接続が意識しづらい文系専門教育において，職業との接続を目的とするキャリア教育の一つのモデルを提示したいという思いが込められている。この点については，今後の課題であろう。今後も，学習評価の四つのタイプ（松下，2016）を組み合わせながら，教育効果を測定し，カリキュラムを改善していきたい。

●引用・参考文献
下村英雄・八幡成美・梅崎　修・田澤　実（2009）．「大学生のキャリアガイダンスの効果測定用テストの開発」『キャリアデザイン研究』5, 127–139.
半澤礼之・坂井敬子（2005）．「大学生における学業と職業の接続に対する意識と大学適応──自己不一致理論の観点から」『進路指導研究』23(2), 1–9.
松下佳代（2016）．「アクティブラーニングをどう評価するか」松下佳代・石井英真［編］『アクティブラーニングの評価』東信堂, pp.3–25.

159

私立大学2年生に対するキャリア教育科目の開発・実施とその評価[1]

永作 稔

第2部　専門教育融合型キャリア教育科目

◆共通シート：私立大学2年生に対するキャリア教育科目の開発・実施とその評価

開講年次								追跡調査
1年前期	1年後期	2年前期	**2年後期**	3年前期	3年後期	4年前期	4年後期	**卒業**

大学（学部）	科目名	必修科目／選択科目
駿河台大学（心理学部）	キャリアデザイン	必　修

カリキュラム上の位置づけ	授業回数	複数科目の連動
学部科目（単独学部）	15回	なし
授業規模（履修登録人数）		
D. 100人以上		

科目担当教員数	科目担当教員属性内訳	教員ミーティング
2名	専任教員2名（学部専任2名）	あり 不定期

授業の主なねらい
①大学2年生後期の段階で，残された学生生活を有意義に過ごすことの重要性に，学生自身が気づくこと ②心理学を学ぶことが自己理解や自己形成につながることを再確認し，今後の学修への動機づけとすること

授業スタイル（講義主体，グループワーク主体，外部講師講演主体など）
グループワーク主体

プログラムの評価
【授業ごと，授業実施中の評価】 ・毎回授業終了時提出させる「ふりかえりシート」のコメントを用いた質的データによる評価 ・グループワーク中の机間巡視における観察（必要に応じて介入も行う）による評価 【授業実施後の評価】 ・学生が提出する学期末レポートを用いた質的データによる評価 ・学期開始時に行う授業前調査（プレテスト）と学期終了時に行う授業後調査（ポストテスト）を用いた量的データの比較

効果検証
・同時期の別授業受講者（対照群）との量的データの比較 ・受講生を対象とした2年後の卒業時点における追跡調査データとの比較

第1節　はじめに

　この章では私立大学心理学部の2年生を対象としたキャリア教育科目の開発・実施と評価について紹介する。この授業プログラムは学生主体型授業（アクティブラーニング）とすることで学生間，学生‐教員間の相互作用機会を意図的に増やしており，それが一つの大きな特徴となっている。プログラムの評価については，受講した学生のキャリア意識の変化や授業への満足度調査などの結果について紹介する。このように，さまざまな観点から多面的に評価を行なっているが，とりわけ，受講から約2年後の受講満足度の調査では98.0%の学生が「受講して良かった」と回答しており，顕著な成果を上げている。

第2節　授業の成り立ち

■ 2-1　大学および学部の特徴

　駿河台大学は1988年に開学をした。現在，法学部，経済経営学部，メディア情報学部，現代文化学部，心理学部の5学部を擁する文系総合大学である。愛情教育という教育理念のもと，「ひとりひとりの学生をありのままにみつめ，ひとりひとりの夢とその歩みを支援し，自立を促す教育」という大学憲章にもとづいて，豊かな人間性を育んでいくことを目指している。そのなかで，心理学部は，2009年4月に旧現代文化学部心理学科から独立する形で設置された比較的新しい学部である。心理学部では「現代社会の諸問題を心理学的に理解し，その解決に役立つ人材の育成」を目指し，基礎心理学はもちろんのこと，臨床心理学や犯罪心理学などの応用心理学の分野に重点を置いたカリキュラムを構築している。

■ 2-2　授業開設の背景

　本章で紹介するキャリア教育科目は「キャリアデザイン」という2年次必修科目である。筆者は2009年の大学着任以降2013年までの5年間この科目を担当している。キャリアデザインは2004年に初めて必修科目として開設されて以降，すべ

---

1) 本章の内容の一部は，駿河台大学の特別研究助成費（平成26年度，平成27年度）を得て実施した。本章で紹介している科目は筆者が駿河台大学心理学部に在職時（2009年度〜2017年度）に担当していたものである。

ての学部でそれぞれ独自に開講されるキャリア教育科目として位置づけられてきた。また，特筆すべきは開設当初から 2013 年度まで各学部の専任教員が責任をもってこの科目を担当してきた点である。つまり，必ずしもキャリア教育が専門というわけではない一般の教員が，所属学部の学生に見合ったキャリア発達を促すために，試行錯誤しながら授業内容を吟味し運営してきた科目である。渡辺（2007）が「キャリア教育は大学の本来のカリキュラムを活かして大学生のキャリア発達を促し，大学から社会への移行を促すことを目指した教育活動が本筋である」と述べ，五十嵐（2014）も「学部の特色を活かしたキャリア教育の重要性」について指摘しているように，時代を先取りしたような科目運営が 2004 年当初からすでに行われていたことになる[2]。さて，本章では，2009 年の心理学部新設にあたり，授業内容を一新して構築したプログラムを紹介する。なお，2 年次科目であるため開講初年度は 2010 年度となっている。

■ 2-3 プログラムの着想とその背景

日本学術会議（2008）は心理学教育が達成すべき 10 の学習目標の一つに，「キャリア計画とキャリア開発の技能を習得する」ことをあげている。これは心理学教育の教養的側面の一つとされ，心理学を学ぶことを通じて，「正確な自己評価に基づくキャリアパス選択ができるようになること」が望ましい心理学教育のあり方であることを示すものである。このことから，心理学部の学生が心理学について学び，それと関連づけながら今後のキャリアを考えられるように構成されたプログラムを開発することは有意義だと考えた。また，駿河台大学の学生は，（よくいえば比較的素直で朴訥といえるものの）学力や能力の面を中心に全体的に自信がない学生が多く，それが将来の社会的自立に向けた活動の障壁となっている可能性があった。そのため，学生主体型授業（小田・杉原, 2010, 2012）によって「学生が自ら問題を発見し，そのことについて自学自習し，深く考えて行動できるようになる」プログラムを構築し，自律的に自らのキャリアを構築するための基礎を学ぶことができるような授業を目指した。具体的には，グループワークを中心として，その前後にホームワークや個人ワーク，教室全体で意見を共有するクラスシェアを毎回の授業で取り入れ，学生相互や学生－教員間の良質な相互作用が生まれる機会を構造的に増やした。このこ

---

[2] なお，2013 年度以降はキャリアセンターの専任教員が後継科目を担当することになったため，学部専任教員は科目担当から外れている。

とにより，学生に「気づき」を促して自己理解を深めるとともに，自らの課題についてよく考え，主体的に行動できるようになることが期待できると考えたためである。

第3節　カリキュラム上の位置づけ

　本章で紹介する授業は半期15回（秋学期）の2単位科目であり，心理学部生のみを対象としている。履修登録は毎年およそ140名前後であり，同僚教員1名[3]とTT（チーム・ティーチング）により350人規模の大きな教室で授業を運営している。担当教員間の定期的なミーティングは行なっていないが，作成した授業の資料についてはもう一人の担当教員にも事前に確認してもらうほか，授業運営に必要な打ち合わせはメールや授業の前後の時間などを用いて適宜行なった。なお，この授業がほかの科目の事前指導的な位置づけとなるなど，他科目との直接的な連動性はない。ただし，授業開設時期と科目の特性から，3，4年次の必修演習（ゼミ）を選ぶための全体ガイダンスが1コマ含まれている。これは授業自体の運営というよりも心理学部の教務運営上の都合から設定されているものである。

第4節　授業のねらい

■ 4-1　授業の主なねらい

　授業の主なねらいは，以下のとおりである。これらは特定の授業回というよりも，授業全体を通じてのものであると考えている。

> 1. 大学2年生後期の段階で，残された学生生活を有意義に過ごすことの重要性に学生自身が気づくこと。そのために，授業をとおして主に以下2点のキャリア発達を促すこと。
>   1）自分の将来のキャリアについて視野を広げること（キャリアビジョンの拡充）

---

[3] 2010年度は心理学部の岩熊史朗教授，2011年度からは心理学部の櫻坂英子教授とチームを組んだ。筆者がプログラムの開発と実施を主に担当し，岩熊教授，櫻坂教授にはグループワーク中の巡回など授業運営の部分を主に補助していただいた。また，櫻坂教授は授業の効果測定や年度ごとの授業改善案の検討を分担している。お二人の本実践に対するご理解と協力に，心より御礼申し上げる。

> 2）将来のために，何か行動を起こすこと（キャリアアクションの遂行）
> 2. 心理学を学ぶことが自己理解やキャリア形成につながることを再確認し，今後の学修への動機づけとすること。

■ 4-2　授業が担うミッション

　その他のミッションについては，以下のとおりである。これらは内容的に重なり合うものもあるが，「キャリアデザイン」の授業を受講することで学生に変化や成長が起こることを期待したものである。

> 1. 学生の自己理解や気づきを促すこと
> 2. 学生が自分に見合った等身大の自信をもてるようになること
> 3. 他者，とくにあまり親しくはない人やこれまであまり関わることがなかった人と接することへの抵抗感を弱めること
> 4. 大学内外のキャリアに関連する援助資源について知ること
> 5. 授業で使用し，記入したワークシートを保管し，簡易的なポートフォリオとすることにより，今後のキャリア選択に活かすこと

第5節　授業内容や授業構成

■ 授業の構成と内容

　「キャリアデザイン」の半期授業構成は，表6-1のとおりである。開講年度によって授業構成に多少の違いはあるものの，毎年このような構成で授業を展開してきた。
　授業の第1回から第5回（第2回を除く）は，主にキャリアデザインをするための手がかりとして，自己理解を深めるための授業内容となっている。上述のミッションの1や3と強く関連する内容である。また，第5回にはミッションの2を意識しながら授業を振り返り，提出されたワークシートの記述内容や授業中の様子から，全体にフィードバックしたほうがよいと思われる意見や感想について紹介したり，問いかけを行なったりした。さらに，後述するグループワークを中心とする学生主体型の授業スタイルに慣れてもらうことも重要であり，事後評価のためのインタビュー調査（纓坂・永作, 2015）では3，4回目あたりからこの授業のスタイルに慣れ始めたことを報告するものが比較的多かった。

表6-1 「キャリアデザイン」の授業構成（半期15回）

授業回	授業タイトル	授業の概要
1	オリエンテーション・価値分析	授業の内容や計画に関する説明と，価値分析のワーク
2	心理学部演習Ⅰガイダンス	3，4年次必修演習の選考スケジュールに関する全体ガイダンス
3	就職への不安と社会人イメージ	就職への不安，就職活動への不安，社会人に対するイメージの測定，分析とその結果についてのワーク
4	就職への不安とその対処	不安とその対処法に関するワークと，進路を決めた心理学部4年生3名の講演
5	授業のふりかえりとワークシートの記述指導	これまでの授業のまとめと各種ワークシートに関するフィードバック
6	特別講師講話　Part 1	一般企業に就職後，働きながら大学院に進学し，臨床心理士を取得した女性（非心理学専攻卒）の講演
7	特別講師講話　Part 2	卒業後に勤めた企業で人事の仕事を20年以上続けている男性（心理学専攻卒）の講演
8	特別講師講話　Part 3	卒業後にさまざまなキャリアを積んだ後で現在は人材育成の仕事をしている男性（心理学専攻卒）の講演
9	学内キャリアサポート資源の活用	キャリアセンター職員によるセンターの紹介と心理学部生へのアドバイス，就職活動アドバイザーの講演
10	VPI職業興味検査と職業調べ	VPI職業興味検査の実施と解釈およびその結果についてのワーク
11	未来の自分をイメージする	職業調べについてのワークと，Superのライフキャリアレインボーについての説明およびそのワーク
12	キャリアデザインとは何か	キャリアデザインとは何をすることかという説明と，大学入学前と入学後のギャップ分析およびそのワーク
13	大学生活のふりかえりと行動計画	アクションプランシートの作成とワーク
14	授業のまとめとレポート作成指導	印象に残った授業や影響を受けたと感じる授業内容についてのワーク，期末レポートについての説明
15	期末レポートの提出と個別相談	期末レポートの提出と希望者に対する個別指導機会の提供

　第6回から第8回は特別講師の社会人による講演と，講演を聞いて感じたことなどを発表するグループワークで構成されている。特別講師には事前に授業のねらいやミッションを説明し，それに資するような講義内容としてもらえるように依頼した。なお，学生の振り返りの感想や纓坂・永作（2015）の調査によると，これらの授業回は総じて学生の印象に残りやすく，評価が高くなっている。同じことを言われるのでも教員の口から伝えるよりも学外者からの言葉のほうが学生に響きやすいことを実感する授業回である。第9回には学内のキャリアセンター職員（心理学部担当）によるキャリアセンターの紹介，および担当者からみた心理学部生の印象や将来を見据えた今後の大学生活についてのアドバイスなどを行なった。また，就職活動アドバイザーとしてキャリアセンターで後輩学生の就職に関する質問や相談を受け付ける役割（ピアサポーター）をしている心理学部4年生にも登壇してもらい，ア

第2部　専門教育融合型キャリア教育科目

図6-1　グループワークの様子1

図6-2　グループワークの様子2

ドバイザー制度の紹介や自分の体験談などを話してもらった。この回にも，講演後にグループワークを行なっている。第4回の後半（心理学部4年生の講演）と第6回から第9回までは学内外のゲストスピーカーに登壇してもらい，近い将来や少し遠くの未来をイメージする機会を提供することで，ミッションの2や4を前進させるための機会としている。

　第10回から第13回までは職業選択やキャリアデザインを行うための準備を意識した授業内容で構成されている。職業心理学の分野で著名な業績を残したホランドの理論（Holland, 1997）にもとづくVPI職業興味検査を実施して，その結果を解釈し，また関連する職業を調べてくるワークを実施する。さらに，この授業で扱ってきたさまざまなワークや，ワークによって収集・整理された情報にもとづいてキャリアデザインに挑戦する。しかしながら，当然のように数回の授業でこれらが十分に明確になるわけではない。そのため第13回の授業回ではキャリアデザインをするにあたって，自分にはどのような情報や行動が足りないかを考え，それらを今後の大学生活のなかで補っていくためのアクションプランを作成する。第14回には授業を振り返るとともに，各授業回やホームワークで作成，記述してきたワークシートをすべてまとめて期末レポートとするための説明や指導を行う。授業に欠席した回がある学生には，色分けをして再配布したことがわかるようにしたワークシートを配付し，レポートに欠損がないようにフォローする。こうして作成したレポートは，採点と成績評価をした後，次年度が始まってから，必修の演習を担当する教員を通じて学生たちに返却されるようにしている。つまり，これらの授業内容はミッションの5に関連するものであり，期末レポートが手元に戻ることで，それがそのまま簡易ポートフォリオとして機能していくように配慮しているのである。なお，演習の担当教員にもレポートを見せることをあらかじめ学生には説明したうえ

で，各教員には返却前にレポートを一読し，今後の指導に役立ててもらえるように依頼している。

第6節　主要な授業実施形式（授業スタイル）

■ 6-1　授業実施形式

　この授業では毎回必ず4人（もしくは3人）一組でランダムグループをつくり，1回〜2回のグループワークを行うグループワーク主体の授業を行なった。出席者数が約130人前後という規模でグループワークを中心とした授業を展開するのは多少なりとも骨が折れることであり，さまざまな工夫が必要であった。

■ 6-2　授業運営・展開上の工夫

　授業を円滑に進めるための工夫として，以下の工夫を行なった。

(1) グルーピングの工夫[4]

1. 教員が授業開始10分前に入室し，その日の資料を教室前列に並べる。
2. その時点で入室していた学生も全員いったん退室し，2列に並んだうえで資料を順番に取る。
3. 「座席指定カード」（図6-3）を上から順に取り，指定された座席に必ず着席するように指導する。座席指定カードは教室後方からグループが成立するようにあらかじめ並べ替えておく（図6-4）。
4. 遅れてきた学生などがいても対応できるように，教室前方にはあえて複数の3人グループがあるようにしておく。
5. もし二人グループができてしまったら，解体して3人グループに編入し4人グループをつくる。

図6-3　座席指定カード

図6-4　座席指定カードによる着席順
　　　　（学生には非公開）

169

(2) 円滑にグループワークを進めるための工夫

1. グループワークの前段階で，必ずそのワークに関連する講義（ショートレクチャー）と個人ワークを行う。これにより，グループワークが苦手な学生でも手元のワークシートを見ながら自分の発表役割をそれなりに果たすことができるようになる。
2. 座席指定カードに記載されている丸数字（①-④）を利用して，司会進行役を指名する。指名は教員が持っている①-④のカードを使って，毎回ランダムに行う。これにより学生は毎回ゲーム感覚で指名を待ち受けることになる。司会進行役はグループワークが停滞しないように責任をもち，必要に応じて発表者に質問などフィードバックをする役割の中心を担う。
3. フリーライダー[5]が現れないように，一人ひとりの発表時間（2分〜3分）を定め，教室前方に投影している PC 画面上でタイマーアプリを表示して時間管理をする。
4. 個人ワークやグループワークをしている間は2名の教員が机間巡視しつつ，質問への対応や停滞しているグループへの声かけなどを行う。
5. 発表時間が余っても，次の発表者に移ることは厳格に禁じる。その時間は発表への感想や質問などのフィードバックを発表者が受け取る相互作用の時間とし，それを平等に分け合う意味を適宜指導する。また相互作用の重要性については発達心理学の知見などから意味づけ，説明する。
6. グループワークで知りえた互いの情報について口外することを禁じ，この場かぎりのものとする（守秘義務の遵守）。
7. 発表する内容について，何をどこまで話すかという範囲を学生が任意に決められることとする（話したくないことを話さない自由の保障）。

(3) 授業内容の深化（フィードバック）に関する工夫

1. フィードバック機会の多面的な提供①：クラスシェア（図 6-5）

グループワーク後に座席指定カードの番号を活用して発表者を全体から指名し，クラスシェアの時間を設けた。ほかのグループがどのような内容を展開していたかを知る機会になると同時に，その場で教員から発表内容についてのフィードバックを行うことで理解を深化させ，グループワーク中のフィードバックのモデルとしても機能するようにした。またこのときには必ず肯定的なフィードバックを何か一つ加えることを意識し，学生が自信をつけることにつながるように配慮した。

図 6-5　クラスシェアの様子（右側が筆者）

2. フィードバック機会の多面的な提供②：振り返りシート

毎回の授業で最後に振り返りシートを記入させ，授業で感じたことや考えたこと，疑問を書き記すようにさせた。振り返りシートは担当教員2名が必ず全てに目を通した。さらに，次の授業回の冒頭では必ずいくつかの記述について紹介したリコメントを行なった。

---

4) 座席指定カードなどグルーピングに用いた教材は岩熊史朗教授が作案した。
5) グループの一員としての責任と役割を果たさないメンバーのこと。ただ乗り。

3. フィードバック機会の多面的な提供③：第5回授業

表6-1（☞ p.167）に示したように，第5回の授業は新しい内容には進まず，フィードバックに特化した授業回とした。この授業回でフィードバックした主な内容については表6-2にまとめた。

表6-2　第5回授業で行なった主なフィードバック

振り返りシートの内容　【授業回】	教員からのフィードバック
【第1回】 座席に座った瞬間から不安でいっぱいだった。すごく人見知りで，GW［グループワーク］も苦手でした。けど，価値分析シートをやって発表するときに，皆フレンドリーで，ちゃんとこちらを向いてくれて話しやすかったです。	授業にがんばって参加しようという意識がしっかりと感じられるコメントで嬉しく思います。グループワークをしていると，これらのコメントにもあるようにメンバーによってグループワークのしやすさが変わることに気がつくと思います。ところで，グループワークは「集団（Group）」と「仕事（Work）」という言葉からできています。どのような特徴の人と一緒だと仕事がしやすく，またどのような相手だと仕事がしにくいか，という点についてぜひ考えてみてください。このように考えてみると，仕事がしにくい相手とグループを組んだときこそ「学び」が多い回なのかもしれません。今後のキャリアの参考になりますので，今後はそのあたりを意識してみて下さいね。
【第1回】 静かな人ばかりで話しかけても「うん」しか言わなくて話が発展せず，とにかくつらかった。早く慣れて楽しいと思える授業にしたい。この授業をきっかけに友だちを増やせたらいいと思う。そして，今まで以上に大学生活を充実させたい。	
【第4回】 今は何がしたいかはっきりしていなくても，色々な場所に出かけたり多くの人に出会うことから何かのチャンスや考えを得ていると思いました。いま何がしたいか決まっていないなら，何かアクションとして色々な場所に行ったり，見たり聞いたりするのが一番なのかと思います。	4年生の話からいろいろな気づきにつながったようですね。コメントのとおり，先輩たちは何か行動を起こすことでその先のキャリアへとつなげていましたね。「一歩前に踏み出す勇気」を持てたことが，現在の状況を作ることにつながっているのだと思いますので，参考にしてもらえたら嬉しいです。

第7節　プログラムの評価

■ 7-1　授業を通じて期待される効果

この授業プログラムを通じて期待される効果は，本章4-1「授業の主なねらい」（☞ pp.165-166）で示した次の2点である。

> 1. 自分の将来のキャリアについて視野を広げること（キャリアビジョンの拡充）
> 2. 将来のために，何か行動を起こすこと（キャリアアクションの遂行）

■ 7-2　期待される効果の測定方法

> ・量的指標による効果測定（Pre-Post），授業評価アンケート
> ・質的指標による効果検証（卒業時点調査）

■ 7-3 効果測定の指標と測定手続き
1) 受講前，受講後のキャリア意識（CAVT）得点の比較

　上記の1および2について測定するために，下村ら（2009）が開発したキャリア・アクション・ビジョン・テスト（CAVT）を使用した。これはビジョンとアクションという二つの下位尺度で構成されており，各6項目について「全くできなかった：(1)」から「十分できた：(5)」で評定する。これらの項目は大学生のキャリア発達において重要とされるキャリア意識について測定しており，さまざまな課題遂行についてのモチベーションを測定する意欲版と，それらについての達成進捗度や自信を測定する達成版がある（梅崎・田澤, 2013）。得点が高いほど各課題についてモチベーションや自信が強くなるように得点化される。「次の質問は現在のあなたの気持ちにどの程度あてはまりますか。もっとも当てはまる数字にひとつ○をつけてください」という教示文により，以下に例示する項目への回答を求めた。

●項目例（ビジョン）
「将来のビジョンを明確にする」「将来のことを調べて考える」など計6項目

●項目例（アクション）
「学外の様々な活動に熱心に取り組む」「様々な人に出会い人脈を広げる」など計6項目

　なお，「キャリアデザイン」の授業は前述のように2010年度から担当したが，2010年度は準備不足のため教育効果の測定を行うことができなかった。そのため，これから紹介するデータは2011年度以降のものとなっている。

　2011年度のキャリアデザイン受講生には意欲版を実施した。これは大学2年生という低学年の段階の学生たちに対するキャリア教育科目を開発するにあたって，上西（2007）の「大学におけるキャリア支援・キャリア教育にとってまず重要なのは入学時からの動機づけであり，みずから学ぼうという動機づけ，人と積極的に関わっていこうという動機づけが重要となる」という指摘を参考に，キャリアに対するビジョンを広げ，アクションを起こすための動機づけを喚起できているかを確認しようとしたためである。

　2011年の授業では第1回のはじめ（Pre）と第14回の最後（Post）に同一項目による調査を実施した。対象者は「キャリアデザイン」の受講生であり，Pre調査へ

の協力者は124名，Post調査への協力者は110名であった。Pre-Post両調査に回答があった100名を分析の対象とした。

一方で，後述する理由により，2012年度と2013年度に実施した授業ではCAVT達成版を使用して教育効果の検証を行なった。いずれの年度でも2011年度と同時期にPre調査とPost調査を実施した。Pre調査への協力者は計249名，Post調査への協力者は計224名であった。Pre-Post両調査に回答があった計219名を分析の対象とした。

2）受講直後と受講から2年後の学生による主観的授業評価

その他の参考指標の一つに，授業の受講直後に行われる授業評価アンケートがある[6]。このアンケートのなかには「この授業を受講して満足していますか」という項目と「この授業の内容を総合的に評価してください」という項目があり，それぞれ5件法で回答を求めている。その測定結果を次項に示す。なお，このアンケートは2013年度に実施したものであり，受講生122名が回答を行なった。

さらに，授業の受講から約2年後の大学卒業時点にも受講生に対する調査を行なった。回答者数は2012年度受講生（2014年度卒業生）100名であった。ここでは「キャリアデザインを受講して良かったですか」という項目について，「はい」「いいえ」の2択で回答を求める項目と，「どのような点が良かった（もしくは改善点である）と思いますか」という質問に自由記述で回答する項目の結果を紹介する。

■ 7-4 調査の結果とポイント

1）受講前，受講後のキャリア意識（CAVT）得点の比較

（1）CAVT意欲版（2011年度）の分析結果　　Pre調査とPost調査のいずれにも回答した心理学部生100名を分析対象として，対応のあるt検定を行なった。その結果を表6-3に示す。ビジョンもアクションも授業後に平均値が上昇しているが，統計的に有意な結果であったのはアクションのみであった（ビジョンは10％水準で有意傾向）。

表6-3の結果をみると，授業の効果はそれなりに確認できたといってよいのではないかと考えられる。しかし，ビジョンもアクションも授業前の時点で24点を超え，

[6) すべての科目に対して行われる大学公式の授業アンケートである。これらのアンケート項目はあらかじめ設定されているものであり，筆者らが独自に設定したものではない。

第2部　専門教育融合型キャリア教育科目

表6-3　「キャリアデザイン」受講生のCAVT（意欲版）受講前後平均値とその比較

		CAVTの平均値（標準偏差）		対応のあるt検定	
		授業前	授業後	t値	有意確率
CAVT（意欲版）	ビジョン	26.33 (3.56)	26.61 (3.23)	1.72	.088
	アクション	24.43 (3.34)	25.98 (3.38)	6.57	.000

項目平均に換算すると4点以上となる（得点範囲は1点～5点）。つまり，キャリアに対するさまざまな課題について「取り組みたいかどうか」という意欲のレベルで測定を行うと，天井効果が現れて結果に影響を与えている傾向がみられた。そこで，翌年度（2012年度）以降はCAVT達成版を使用してpre-postによる教育効果の検証を行なった。

(2) CAVT達成版（2012, 2013年度）の分析結果　2012年度と2013年度の各授業でPre調査とPost調査のいずれにも回答した心理学部生219名を分析対象として，対応のあるt検定を行なった（表6-4）。その結果，ビジョンとアクションのいずれの下位尺度も授業後に平均値が大きく上昇することが示された（図6-6）。CAVTプロットシートでは，CAVT達成版の下位尺度得点が18点を超えると高得点としてプロットされる（梅崎・田澤，2013）。そのため，授業後の尺度平均が18点を超える結果（項目平均で3点以上）となったのは大きな成果であると考えられる。

2) 主観的授業評価の分析
(1) 授業直後の評価　「この授業を受講して満足していますか」という項目について，「たいへん満足している」から「満足していない」までの5段階で回答を求めた。その結果を図6-7に示す。「たいへん満足している」（25.4%）と「まずまず満足している」（52.5%）を合わせると約78%の受講生が授業に満足していることがわかる。

次に，「この授業の内容を総合的に評価してください」という項目について「非常に良かった」から「非常に良くなかった」までの5段階で回答を求めた。その結果を図6-8に示す。「非常に良かった」（35.2%）と「まずまず良かった」（49.2%）を合わせると84.4%となり，授業の内容が多くの受講生から肯定的に受け止められていることがうかがえる。

表 6-4 「キャリアデザイン」受講生の CAVT（達成版）受講前後平均値とその比較

		CAVT の平均値（標準偏差）		対応のある t 検定	
		授業前	授業後	t 値	有意確率
CAVT（達成版）	ビジョン	14.82 (4.90)	19.73 (5.17)	12.10	.000
	アクション	15.44 (4.21)	18.33 (4.47)	8.43	.000

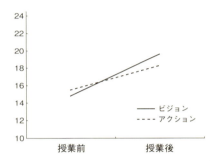

図 6-6　CAVT（達成版）各下位尺度平均値の変化

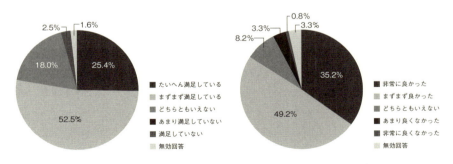

図 6-7　キャリアデザイン受講直後の授業満足度

図 6-8　キャリアデザイン受講直後の授業内容総合評価

　(2) 受講から約 2 年後（大学卒業時点）の主観的授業評価　「キャリアデザイン」という科目名が端的に示すように，この授業は学生たちがキャリアに対するビ

175

第2部　専門教育融合型キャリア教育科目

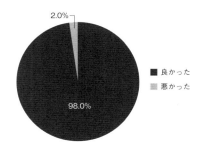

図6-9　受講生の大学卒業時点における授業内容の評価

ジョンを広げて具体的なアクションにつなげるなど，将来を見据えた準備行動を促すことにねらいがある。その意味では受講生がその後，実際に大学卒業後の進路が定まったタイミングでこの授業に対してどのように評価をするのかという点を確認することは意義深いと考えられる。そこで，卒業式当日にキャリアデザインの授業評価に関するアンケート調査を実施した。「キャリアデザインを受講して良かったですか」という質問に「良かった」「悪かった」の2段階で回答を求めたところ，図6-9に示す結果となった。98.0%がキャリアデザインを受講してよかったと回答しており，授業直後の満足度や総合評価よりも相対的に高い数値となった。これは，就職活動をはじめとした現実的なキャリア選択場面に置かれたなかでの経験や体験によって，授業の価値や意味を後々になってじわりと実感できた学生がいたことを表している可能性があると考えられる。

次に，任意回答の自由記述欄では77の回答を得た。そのうち，1例が「特にない」という中立回答であり，3例が改善点についての回答であった。残りの73例がよかった点についての記述であり，それらを分類したところ，おおよその回答が表6-5に示すA–Fに集約できるものであった。

なお，改善点についての記述は主に「全体に向けたアドバイスが多かったので，もう少し個々に合わせた助言などが聞ける機会があると良いと思った」など個別対応についての要望であった。

7-5　効果測定からみた教育的効果と課題

「キャリアデザイン」受講前後のキャリア意識の変化や，受講後の学生による主観的評価の結果から，この授業でねらいとしていたことがある程度十分に達成できたものと考えられる。とりわけ履修から約2年が経過した卒業時点での調査で，授

表6-5 卒業時点調査における「良かった点」の自由記述回答例

A. 将来のビジョンについて考えた
A1. 将来について新しい視点から考えることができた
A2. 将来のことを考える時間が増えた
B. アクションを起こす準備となった
B1. 現時点で何をするべきか教えてもらえたので行動しやすかった
B2. 就職活動に向けての準備ができた
C. 自己理解が深まった
C1. 自分のことを客観的にみることができるようになり，就職活動の書類作成に活かせた
C2. 自分と向き合うことができ，自分のことを知るよいきっかけとなった
D. 不安の減少，自信の獲得
D1. 就職に対する心配な点が，大きく減った
D2. 気持ちを強く持てるようになった
E. 普段話さない相手との交流機会（グループワーク）
E1. ランダムグループだったので，1人でもグループに入りやすかった
E2. 授業のおかげで知らない人と話すことに少し慣れることができ，その後に活かせた
F. 先輩や外部特別講師の話
F1. 就職内定者の話が聞けて刺激を受けた
F2. 実際に社会に出ている人から話を聞けたのが良かった

業に対する主観的評価が高かった点は重要であると考えられる。卒業式当日というある種の高揚感のなかで評定しているという部分を差し引いたとしても，自由記述の内容には，この授業でねらいとした点，ミッションとした点に関連する記述が目立っている。このことから，この授業プログラムは一定の教育効果を有していると判断してよいだろう。

ほかにも，CAVT（達成版）の得点が高いことは，就職内定や就職してからの初期キャリアにおける適応につながりやすいことが示されている（梅崎・田澤, 2013）。したがって，授業前後でCAVTの得点が向上するという「キャリアデザイン」の成果は学生の社会への円滑な移行に寄与している可能性が高い。この点も注目に値するものだと考えられる。

以上のようにこの授業の有効性がさまざまな側面から示される一方で，これらがみな，プログラムのすべての構成要素の「総体」を評価したものにすぎない点には注意が必要である。表6-5からも読み取れるように，学生からみると印象に残っているポイントはさまざまであり，個人差がある。そのため，何が十分条件で何が必要条件であるのかについての見極めや，貢献の高い構成要素とそうでない構成要素の区別が十分にできない。プログラムを改善するという視点に立った場合にはこの

ような評価が必ず必要となってくるが，この点について十分な材料が得られていない点は今後の課題であると考えられる。それに加えて，永作と纓坂（2013）のように，この授業を受けていない対照群や統制群を設定したうえでの分析はより重要であると考えられる。なぜならば，この授業を受けたことによって学生のキャリア発達が促されたのか，単に学生が半年間に成長・発達したことによる結果であるのかを判別する必要があるからである。

第8節　ライフ・キャリア・レインボー・シートを用いた授業の紹介

　ここからは具体的な授業回について，教材や授業進行などを中心に紹介する。ここで主に取り上げるのは第11回の「未来の自分をイメージする」である（表6-1 ☞ p.167）。授業タイトルでもある「キャリアデザイン」について核心に入っていく重要な授業回であり，スーパー（D. E. Super）の理論的アプローチを参考に開発したライフ・キャリア・レインボー・シートの作成とグループワークがメインとなる授業回である。なお，スーパーの理論的アプローチについては渡辺（2007）に詳しい。また，ライフ・キャリア・レインボーは安達と下村（2013）や，新目（2016）による解説がわかりやすいので参照されたい。

■ 8-1　ライフ・キャリア・レインボーについて

　図6-10に示すライフ・キャリア・レインボーは，その期間や情緒的な関与の視点から，人が生まれてから死ぬまでの間のライフ・キャリアをどのように構成するのか視覚的に描写したものである（新目，2016）。スーパーは，キャリアは単に労働者としてのキャリアに限定されるものではなく，さまざまなライフ・スペースにおける役割（子ども，学生，余暇人，市民，労働者，家庭人，その他）はすべてキャリアを彩る要素であると考えた。また，キャリアデザインにおいては各要素における情緒的関与の強弱が織りなすハーモニーという視点が重要であるとしている（Super, 1980）。このように，ライフ・スペースは虹の各色にあたるものであるといえる。一方で，虹の弧にあたるライフ・スパンという時間軸も重要な要素である。この授業の受講生は20歳前後であり，成長・探索・確立・維持・解放と五つに分けられるライフ・スパンの探索段階に相当する。そして，受講生は今後10年の間に探索段階から確立段階への移行を経験することになる。キャリア発達において非常に重要なタイミングを迎えているといえるのである。

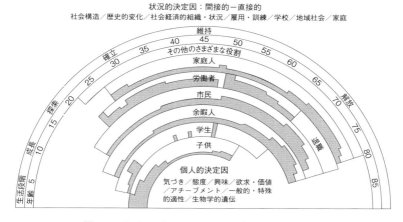

図 6-10　ライフ・キャリア・レインボー（渡辺, 2007：37）

■ 8-2　授業の進め方

1）前回授業の振り返りとフィードバック（5分）

受講生は一つ前の授業回で VPI 職業興味検査を実施している。この検査は適性検査（自分に向いている職業についての情報を得るもの）というよりも興味検査（自分の興味関心やパーソナリティタイプについて情報を得ると同時に職業理解を広げるもの）としての使用が適切であるとされているため，この異同についての復習や前回の振り返りシートにもとづくフィードバックをするところから授業が始まる。

2）宿題のグループワークとクラスシェア（20分）

VPI 職業興味検査の結果を受けて，気になった職業の職業について調べてくるというホームワークが課されているため，そのグループワークを行う。それによって，自分では調べてこなかった職業についての情報を得られる。実際「自分では調べようとは思わなかった職業でもメンバーの発表を聞くうちに興味が出てきた」などの感想（振り返り）があった。これらのことから，興味関心，あるいはキャリアビジョンの広がりをあらためて実感できるグループワークになっている様子がうかがえた。

3）レクチャー（20分）

「ところで「キャリア」という言葉，どんな意味だと思いますか？」という発問を

授業の最初に行う。これは，授業のなかでそれまではあいまいに共有していた「キャリア」という言葉の意味を確認し，共通のイメージで使える言葉とすることを意図している。語源が車輪の通り道である「轍（わだち）」に由来していることや，狭義には職業，職業経歴に関することを意味することなどを紹介しながら，広義のキャリアという言葉には空間軸（ライフ・スペースによる横の広がり）と時間軸（ライフ・スパンによる縦のライン）が含まれること，人がおぎゃーと生まれてから死ぬまでに経験するさまざまな役割の累積とそれらに対する主観的な態度，受け止め方が含まれるため，個人的なものであることなどを説明する。そして，「だから，いま現在大学生のみなさんでも，狭義の意味でのキャリアはまだスタートしていないかもしれませんが，広義の意味でのキャリアはすでに構築されてきていると言えるのですよ。それを図で視覚的に示しているのがライフ・キャリア・レインボーです」と言って図6-10（☞p.179）を紹介する。これがもともとある個人のライフ・キャリアを図示したものであり（キャリア・カウンセリングで用いられるアセスメントツールであることも紹介する），図中の塗りつぶされているところは，各ライフ・スペースにおいて，そこでの役割（ライフ・ロール）に自分がどれくらい気持ちや時間を投入しているかを主観的に評価したものであることを説明する。そして，ライフ・キャリア・レインボー・シートの説明につなげていく。

4）個人ワーク：ライフ・キャリア・レインボー・シートの記入（15分）

つづいて，教室入室時に配付済みのライフ・キャリア・レインボー・シートのなかから「現在」のシート（図6-11）を記入する個人ワークの時間に移る。個人ワークの間は，学生からの質問に対応できるように2名の教員が机間巡視を行いながら，「その他の役割って具体的にはどんなものですか？」などの質問に対応[7]する。また「自己投入度」（気持ちや時間，エネルギーを費やす度合い）の記入欄は，その合計を必ずしも100％にしなくてよいということを繰り返し注意喚起する。

5）グループワーク＆クラスシェア（20分）

次に，グループワークに進む。まず前列に座る学生には後ろを向くなどグループ

7）基本的には，「まずは自分なりに考えてみる」ことを勧める。それでもイメージしにくい場合は，「たとえば「年金受給者」とか「友人として」とかいろいろ考えてごらん」と促す。

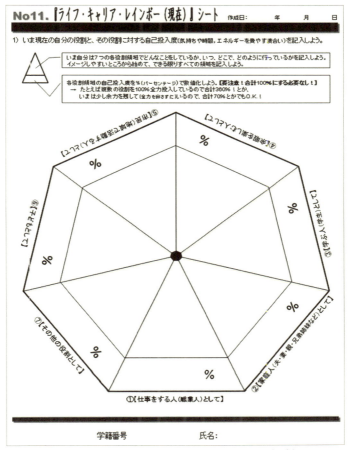

図6-11　ライフ・キャリア・レインボー・シート（現在）

ワークができる態勢をとらせる。そして，この回の司会進行役をカードで指名する。さらに時間設定の説明をした後でグループワークを開始する。グループワークでは各自が記入したライフ・キャリア・レインボー・シートを一人3分間で説明しつつ，ほかのメンバーから質問などのフィードバックをうける。教員はひきつづき机間巡視をしながら全体の時間管理を行う。机間巡視をするなかで，気になるグループがあれば適宜（まずは見守りつつ），介入する。3分が経過するごとに全体にそれを知ら

せて,「一人目の発表者のみなさん,ありがとう〜!」と拍手でねぎらう。この拍手も非常に重要な要素で,これによってグループワークも次第に熱気を帯びてくるのである。

　グループワークの時間が終わると,クラスシェアに移行する。ここでも座席指定カード（図6-3, 図6-4 ☞ p.169）にアルファベット（A-G）と数字,丸数字で構成,記載されているIDを活用してランダムに発表者を指名する。残り時間を考えながら,2-3名を指名してグループワークで共有した内容やワークの感想などを発表してもらう。それらの発表に対して,発表者と受講者全体の利益になるように意識しながら教員からもフィードバックを行う。

6）宿題の説明（5分）

　クラスシェアが終わったら,次回までの宿題として5年後,10年後版のライフ・キャリア・レインボー・シートを記入してくるという課題を課す。未来の自分をイメージしながら,自分の理想を記入してくるように説明する。

7）振り返りシートの記入（5分：累計90分）

　今回の授業を受けて「気づいたこと,感じたこと,考えたこと」などを振り返り,文章化させる。また疑問点や不明点などがあれば,それについても記入するように促す。

■ 8-3　学生からの反応

　ここでは,ライフ・キャリア・レインボー・シートの作成と共有についての学生の反応を,振り返りシートから抽出して紹介する（表6-6）。

　A1–A5の記述から読み取れるように,現在の自分のキャリアについて考えることによって日常生活の見直しをする気持ちが生まれている。また,そのことはつまるところ自分の将来のキャリアを考えることにつながり,行動を起こすための動機づけが喚起されていることがわかる。また,このワークによって発表者の普段の生活が垣間見えることにもなっている。A6やA7に記述された興味深さや楽しさは,このようにグループメンバーのあらたな一面を共有したり,話題にしたりすることができたことによって生まれた感情だと推測される。また,第11回授業というタイミングであることから,グループワークにも慣れてきて楽しむ余裕や相互作用をしやすい環境が生まれてきているという点も影響していると考えられる。

06　私立大学2年生に対するキャリア教育科目の開発・実施とその評価

表6-6　ライフ・キャリア・レインボー・シートに関する主な振り返り

A. ライフ・キャリア・レインボー・シート（現在）への振り返り【第11回授業】

A1. 自分が今，子どもとして，学生として，どのくらい役割を果たせているのか考えられたし，よくわかりました。また，このままいったら未来の自分はどうなっているのかなとも思ったし，このぐらいだったらいいなって思ったりもしました。

A2. 改めて自分の生活をふりかえると様々な領域において役割があるのだなと思いました。領域ごとに見直すことで，今の自分に足りていない部分を意識させられました。

A3. 何かひとつでも全力投球できることが見つかれば，また自分の人生も変わってくるのではないかと思った。

A4. ライフ・キャリア・レインボー・シート（現在）を記入してみて，意外と自分が頑張れていないんだと感じた。人生一度きりだから，もっと楽しみたいと思った。

A5. いま自分が全力で頑張れていると言えるものが余暇くらいしかありませんでした。自分を磨けるのは今だと思うのでもっと他の領域にも力を入れて取り組んでいきたいと思いました。

A6. グループの人たちが普段どんなことをしているのかとか，どんな気持ちで過ごしているのかなどが少し聞けて興味深かったです。

A7. きっと5年後，10年後のライフ・キャリア・レインボーの割合は現在のと全然違うと思うので，家でじっくり想像してみたいと思いました。今回のグループワークはとても充実していて楽しかったです。

B. ライフ・キャリア・レインボー・シート（5年後・10年後）への振り返り【第12回授業】

B1. みんなひとつひとつの項目に対して％が高く，それぞれに全力で取り組みたいという気持ちが伝わってきた。将来このレインボーがバランス良く自分の納得のいくものになるといいなと思った。

B2. 5年後，10年後の自分はある意味で「理想の自分」であると思うので，ただこうだと良いなぁと考えるだけで終わらせないようにしたい。（クラスシェアで出た意見と同じく）私も5年後より10年後の方が想像しやすかった。

B3. グループワークでは，みんなが楽しそうに自分の5年後や10年後の姿について話していたのがとても印象に残りました。私自身も未来の自分をイメージするのは楽しく，特に10年後について想像してみると今の自分とのギャップにすこし照れくさい感じもしました。

B4. 今回は自分の未来の姿について考えましたが，意外と楽しく取り組めたなと感じました。私は主に仕事を中心にした生活をイメージしていましたが，グループの人の意見を聞いて少し考えが変わりました。

B5. 今回のワークはみんな妄想全開で（自分もだが）良いことばかりに目がいっていた。もちろん未来のことからネガティブに考える必要はないのだが，すこし疑問に感じた。しかし，今回自分たちが考えたとおりに進んだとしたら，きっとかなり充実した人生になるのではないかと思った。

B6. 似たようなことを，小・中・高とやってきたように思った。そして歳をとるごとに，将来への見方が変わってきている気がした。自分も高校時代に狭くなっていた将来のビジョンが，この授業を受けることでまた広がってきているような気がしている。このワークをしてみて，そのことを頭では理解することができた。

B7. 理想と現実をしっかり自分で確かめることの重要さや，理想を実現するためには何をすればいいのかなどを考えることの大切さを感じた。さらにこれらを考えることで「行動する」ことのきっかけにもなるのだと思った。

次に，ホームワークとした5年後，10年後のライフ・キャリア・レインボー・シートのグループワークとクラスシェアについては，表6-6のB2にもあるように10年後のほうが5年後よりも想像しやすかったという感想がいくつかみられた。10年後という未来の時間的な距離が夢や理想を描くのに適する一方で，5年後という未来は距離が近い分，現実味があったのだろうと推測される。また，B5-B7の記述からは，このワークがキャリアを「デザインする」ことのレディネスを高めていることがうかがえた。それは第12回授業「キャリアデザインとは何か」というテーマに関する重要な助走となる要素であり，また13回授業の行動計画（アクションプラン）の策定へとつながる流れを生んでいると考えられる。

第9節　おわりに

本章では，心理学部2年生を対象として開発されたキャリア教育科目の実践とその評価について紹介してきた。プログラムの評価については，多面的に検討した結果，ある程度十分な有効性を確認することができた。

前述のように，2013年度以降はキャリアセンターの専任教員が科目担当となることでプログラムそのものについては，実践の機会が失われている。開発者として残念な思いがまったくないというわけではない。しかし，グループワークを主体とした授業形態は2013年度以降も後継科目において維持されている。さらにそれを全学で統一されたプログラムとして発展的に実施されている点は，大学全体のキャリア教育の質が向上していることを意味していると考えられる。このプログラムはそのような発展の契機の一端となっており，大学全体のキャリア教育の発展に寄与したという点において，それなりの役割を果たしたものと考えてよいだろう。

【謝　辞】
本章で紹介した授業では，100名以上の大規模講義でグループワークを円滑に行うために，TTとして駿河台大学心理学部教授の岩熊史朗先生（授業開始初年度），もしくは櫻坂英子先生（2年目以降）に参画，ご協力をいただきました。両先生には授業プログラムの内容や運営についてさまざまなご助力，助言をいただきました。記して感謝申し上げます。ありがとうございました。

●引用・参考文献

安達智子・下村英雄［編著］(2013).『キャリア・コンストラクションワークブック——不確かな時代を生き抜くためのキャリア心理学』金子書房

新目真紀 (2016).「スーパー②——キャリア・レインボー」『独立行政法人労働政策研究・研修機構資料シリーズNo.165 職業相談場面におけるキャリア理論及びカウンセリング理論の活用・普及に関する文献調査』, 19-21.〈http://www.jil.go.jp/institute/siryo/2016/documents/0165.pdf（最終確認日：2018年7月25日）〉

五十嵐敦 (2014).「大学における「キャリア創造科目の構成」と実践」『進路指導』87 (1), 23-30.

上西充子［編著］(2007).『大学のキャリア支援——実践事例と省察』経営書院

梅崎 修・田澤 実［編著］(2013).『大学生の学びとキャリア——入学前から卒業後までの継続調査の分析』法政大学出版局

櫻坂英子・永作 稔 (2015).「大学生のキャリア教育科目の効果に関する追跡調査Ⅰ」『日本心理学会第79回大会発表論文集』, 3AM103.

小田隆治・杉原真晃［編著］(2010).『学生主体型授業の冒険——自ら学び，考える大学生を育む』ナカニシヤ出版

小田隆治・杉原真晃 (2012).『学生主体型授業の冒険2——予測困難な時代に挑む大学教育』ナカニシヤ出版

下村英雄・八幡成美・梅崎 修・田澤 実 (2009).「大学生のキャリアガイダンスの効果測定用テストの開発」『キャリアデザイン研究』5, 127-139.

永作 稔・櫻坂英子 (2013).「大学2年生に対するキャリア教育科目の効果測定Ⅲ——対照群との比較検討」『日本教育心理学会第55回総会発表論文集』, 564.

日本学術会議 (2008).「学士課程における心理学教育の質的向上とキャリアパス確立に向けて」〈http://www.scj.go.jp/ja/info/kohyo/pdf/kohyo-20-t55-2.pdf（最終確認日：2018年7月25日）〉

渡辺三枝子［編著］(2007).『新版 キャリアの心理学——キャリア支援への発達的アプローチ』ナカニシヤ出版

Holland, J. L. (1997). *Making vocational choices: A theory of vocational personalities and work environments* (3rd. ed.). Odessa, FL: Psychological Assessment Resources.

Super, D. E. (1980). A life-span, life-space approach to career development. *Journal of Vocational Behavior, 16*(3), 282-298.

◆私立大学2年生に対するキャリア教育科目の開発・実施とその評価
永作稔先生への意見

　ここで紹介された実践は，2年生の学部必修科目として位置づけられている。所属学部の専任教員が所属学部の学生に見合ったキャリア発達を促すという，重要であるが達成することの難しい目的意識のもと，学生が主体となり授業に参加することをとおして，「将来のキャリアについての視野を広げること」（キャリアビジョンの拡充），「将来のために何か行動を起こすこと」（キャリアアクションの遂行），「専門の学びが自己理解やキャリア形成につながることの再確認及び今後の学修への動機づけを高めること」が自然とできるよう，授業内容が綿密に設計されている。ほかの科目との直接的な連動性が明示されているわけではないが，大学1，2年生での学びと大学3，4年生の学びをつなぐ役割を担っている重要な科目であると考えられる。

【ここがスゴイ！】
1. 授業運営の工夫がスゴイ！：学生をやる気にさせる仕掛け

　近年，学生への深い学びを促すために受け身ではなく，主体的に学生を授業に参加させるためのさまざまな試みが行われている。その試みとして最も有名なものが「アクティブラーニング」であろう。日本全国でアクティブラーニング型授業の実践報告がなされているが，活動はアクティブだが，思考がアクティブではなかったり，フリーライダーが出てしまうなど課題点が多くみられるのが現状である。永作先生の実践は，学部の必修科目であるため130名ほどのクラスにおいてグループワークを導入されており，運営の困難さは容易に想像がつく。そのようななか，「グルーピングの工夫」「グループ活動中の工夫」「グループ発表に対するフィードバックの工夫」といった綿密な授業運営を展開することで，上記の問題点に対処している。なかでも，フリーライダー対策として，一人ひとりの発表時間を定めたうえで，発表時間が余ったとしても次の発表者に移ることを禁止し，感想や質問を促している点は興味深い。この工夫によって発表する側と聞く側双方の積極的参加につながっていると考えられる。おそらくグループ活動に慣れていない学生たちは，発表時間を適切に使うことが難しく，沈黙がつづいたり，授業内容とは異なる話をしてしまうことがあるのではないだろうか。それを見逃さず，根気強く介入することで学生たちをやる気にさせていると考えられる。授業の構成と教員の働きかけの双方が組み合わさることで深い学びが促進される。さすが，「教育力の駿大」。ここが一つめのスゴイ！である。

2. プログラムの効果検証がスゴイ！

作成したプログラムの評価は，受講した学生が授業の目的に沿った力がどれだけ身についたのかを検証することで判断できるだろう。多くの効果検証では，授業前後の比較でその数値の変化によってプログラムを評価しているが，永作先生の実践では，授業前後の比較に加え，履修から約2年が経過した卒業時点に追跡調査を行うことで，プログラムの効果検証をしている。授業のねらいの一つに，今後の学修への動機づけが掲げられていることを考えると，履修後の学生の姿をとらえる試みは必須であろう。ここが二つめのスゴイ！である。

【ここが論点！】

1. キャリアガイダンスとキャリア教育科目の区別について

授業構成をみると，「就職への不安と社会人イメージ」「学内キャリアサポート資源の活用」「VPI職業興味検査と職業調べ」など，いわゆるキャリアセンターが正課外のガイダンスにおいて実施しているような内容が組み込まれている。一つひとつの内容は大切であること，また，心理学とキャリアとの親和性が高いこと，そして心理学教育の教養的側面を取り上げていることが前提にあると考えられるが，両者の区別が明確になると，この授業の意義がさらに高まるのではないだろうか。この授業に加えて，より学部での専門的な学びと連動したキャリア教育科目の開発にも期待したい。

2. SA（スチューデント・アシスタント）活用の可能性について

学生にとって，自身と同じバックグラウンドをもった先輩の姿を見ることは，学修への動機づけに大きく影響すると考えられる。この授業では，4年生や卒業生の講演，アドバイザー（4年生）の紹介によって，学生の動機づけを高めていると考えられるが，単発ではなく，15回全体をとおして，3年生ないし4年生がSAとして入る可能性はないだろうか。個人ワークやグループワークのサポートに入ってもらうことで，2年生にとっては活動の理解が深まり，SAとして入っている学生も，キャリアデザインでの学びを振り返ることで，自身のキャリア形成にプラスに働くと考えられる。　　　　　　　　　　　　　　　　［コメント：本田周二］

あ と が き

　本企画を立ち上げるきっかけとなったのは，2015年の夏頃であっただろうか。学会会場にて，本書の編集作業を担当してくださったナカニシヤ出版の米谷龍幸さんと，キャリア教育について話をしたことが始まりであったと記憶している。当時から私は，現任校で全学の初年次キャリア科目と3年生の長期インターンシップ科目を担当しており，キャリア教育やキャリア発達に資する研究のみならず，実践者としても仕事を行なっていた。そのような立場から，いろいろと感じていた事柄についてお話しした結果として企画化されたものが本書である。このような機会自体が実は偶然によるものであったのだが，幸いにも形にすることができたことにたいへん感謝をしている。

　当時から私が感じていたこととは，(1) キャリア教育やキャリア発達に関する理論と実際に行われている実践との距離感，(2) 実践されているキャリア教育科目が，はたしてどこまで本当に学生の役に立っているのだろうか，という2点であった。これらの問いは私にとって連動しているものであり，とくに (1) についてはキャリア教育の実践現場で起きている誤解や混乱の原因ともなっているように思えたのだ。おそらく，キャリア教育やキャリア発達に関する理論と実践のつながりが十分に説明されていない，あるいは十分に説明できる者がおらず，これらのつながりを踏まえた実践報告事例についても比較的数が少なかったためであろう。余談であるが，私が現任校に赴任するきっかけとなった人事が立ち上がった背景にも上記のような混乱があり，キャリア教育やキャリア発達に資する研究と実践が可能な人材が必要だったと聞いている。このようななか，(1) の問題をクリアしていくためには，理論を踏まえたさまざまな実践とその効果を実証データにもとづいて示していくことが必要であると考えたわけである。これが (2) の問いともつながっている。

　本書は，キャリア教育科目に関するさまざまな取り組みについて，科目設計・実施・運営に焦点をあててまとめたものである。「まえがき」部分で編者の永作稔先生が述べているように，私を含めて若手に属する先生方に執筆をお願いしている。これらの先生方に共通していることは，いずれの先生も理論を踏まえた実践に加え，その効果を実証データにもとづいて考えていくことができるマインドをもっている点である。紙面の都合上，本書では効果測定の結果については簡略化しているが，

これについては第二弾として作業を進めているところである。刊行は近い将来となるが，本書とセットで読まれることで，ここでの実践の有効性がより深く理解されることを期待している。

　本書で紹介した実践は，当然ながらキャリア教育科目のすべてを網羅しているわけではない。しかしその内容は多種多様であり，効果指標として使用されている変数もさまざまである。これはキャリア教育が多様化していると同時に，効果を一般化することの難しさの表れであるといえよう。もっとも，学年ごとに生じるキャリア発達課題自体が異なっているため，ある意味当然の帰結ともいえる。それだけに，何をもってキャリア教育の効果とするかという点については議論の余地がある。残念ながら，本書ではこれを一般化して示せる段階にはきていない。ただ，このような理論を踏まえた実践とその効果によって示される「実践知」の積み重ねと，これまでに蓄積されてきたキャリア教育やキャリア発達に関する理論を照らし合わせることによって，単なる授業研究・効果測定研究の枠を越えて，現在の大学生の実態に即した理論構築と実践を進めていくことができるかもしれない。このことは，(1) の問いに対する一つの答えともなろう。

　最後に，本書の刊行に向けてさまざまな作業をお引き受けいただいた永作稔先生（十文字学園女子大学准教授）に御礼を申し上げたい。この企画に関する考えをお伝えした際には直接お電話を頂き，さまざまな意見交換を行なった結果として，本書の骨子ができあがった。永作先生にご協力いただいていなければ，本書は形となっていなかっただろう。そして，執筆を依頼した家島明彦先生（大阪大学准教授），杉本英晴先生（駿河台大学准教授），佐藤友美先生（九州工業大学准教授），田澤実先生（法政大学准教授），本田周二先生（大妻女子大学准教授）にも御礼を申し上げる。執筆者同士がほぼ顔見知りであり，年代的にもおおむね同年代であるため，気軽にさまざまな意見交換を行うことができる間柄であった。このことがそれぞれのピアレビューに集約されているように思う。刊行までに時間がかかってしまったことをお詫びすると同時に，執筆を快諾いただいたことにあらためて感謝したい。

　また，企画時点からいろいろとお話を聞いてくださり，本書の刊行を快く引き受けてくださったナカニシヤ出版編集部の米谷龍幸さん，および本書の編集・校正にかかわってくださったナカニシヤ出版編集部のスタッフのみなさんにも厚く御礼を申し上げたい。

2019 年 5 月
三保紀裕

執筆者紹介（執筆順，＊は編者）

家島明彦（いえしま あきひこ）
大阪大学キャリアセンター准教授
担当章：第1章，第2章コメント

杉本英晴（すぎもと ひではる）
駿河台大学心理学部准教授
担当章：第2章，第1章コメント

佐藤友美（さとう ともみ）
九州工業大学教養教育院人文社会系准教授
担当章：第2章第7節

三保紀裕＊（みほ のりひろ）
京都先端科学大学経済経営学部准教授
担当章：あとがき，第3章，第4章コメント

田澤 実（たざわ みのる）
法政大学キャリアデザイン学部准教授
担当章：第4章，第3章コメント

本田周二（ほんだ しゅうじ）
大妻女子大学人間関係学部人間関係学科社会・臨床心理学専攻准教授
担当章：第5章，第6章コメント

永作 稔＊（ながさく みのる）
十文字学園女子大学人間発達心理学科准教授
担当章：第6章，まえがき，第5章コメント

大学におけるキャリア教育とは何か
7人の若手教員たちの挑戦

2019年9月30日　初版第1刷発行

編　者　永作　稔
　　　　三保紀裕
発行者　中西　良
発行所　株式会社ナカニシヤ出版
〒606-8161　京都市左京区一乗寺木ノ本町15番地
Telephone　075-723-0111
Facsimile　075-723-0095
Website　http://www.nakanishiya.co.jp/
Email　iihon-ippai@nakanishiya.co.jp
郵便振替　01030-0-13128

印刷・製本＝ファインワークス／装幀＝白沢　正
Copyright © 2019 by M. Nagasaku, & N. Miho
Printed in Japan.
ISBN978-4-7795-1314-5

本書のコピー，スキャン，デジタル化等の無断複製は著作権法上の例外を除き禁じられています。本書を代行業者等の第三者に依頼してスキャンやデジタル化することはたとえ個人や家庭内での利用であっても著作権法上認められていません。

ナカニシヤ出版・書籍のご案内　表示の価格は本体価格です。

文系大学教育は仕事の役に立つのか

職業的レリバンスの検討　本田由紀［編］人文・社会科学系の大学教育は仕事に「役立っている」のではないか。調査結果に基づいて，さまざまな角度から検討を行う。

2600 円＋税

反「大学改革」論

若手からの問題提起　藤本夕衣・古川雄嗣・渡邉浩一［編］これから大学はどうなっていくのだろうか。今後の大学を担う若手たちが，現状の批判的検討を通じて，より望ましい方向性を模索する。

2400 円＋税

教養教育再考

これからの教養について語る五つの講義　東谷　護［編著］佐藤良明・森　利枝・伊藤　守・標葉靖子・小島美子・塚原康子［著］大学だけに閉じこもらない、広く市民にも開かれた教養を大学から考えるために，さまざまな角度からいま「教養教育とは何か」を考える。

2600 円＋税

表現と教養

スキル重視ではない初年次教育の探求　東谷　護［編著］石黒　圭・J. ドーシー・安部達雄・飯間浩明・谷　美奈・師玉真理・下平尾直［著］いかにスキルを重視した教育を脱し，教養を意識した初年次教育を実践できるか。ライティング教育を中心に表現教育の可能性を論じる。

2700 円＋税

大学卒業研究ゼミの質的研究

先輩・後輩関係がつくる学びの文化への状況的学習論からのアプローチ　山田嘉徳［著］ゼミで行われている協同的な学びのプロセスについて，多様な関係性に注目した丁寧な分析を通じ、学びのモデルを構築する。

4000 円＋税

アクティブラーニング批判的入門

大学における学習支援への挑戦 4　中園篤典・谷川裕稔［編］内心の自由と主体的学びを両立させるために学生の内面には干渉せずに実施できるアクティブラーニングを様々な実践例をふまえ提案する。

2400 円＋税

テストは何を測るのか

項目反応理論の考え方　光永悠彦［著］そのテスト，大丈夫？　PISA などに用いられている公平なテストのための理論（＝項目反応理論）とその実施法をわかりやすく解説。

3500 円＋税

授業に生かすマインドマップ
アクティブラーニングを深めるパワフルツール　関田一彦・山﨑めぐみ・上田誠司［著］アクティブラーニングを支援し，よりよい学びを深めるために，様々な場面で生かせるマインドマップ活用法を分かり易く丁寧に紹介。　　　　　　　2100円＋税

若者たちの海外就職
「グローバル人材」の現在　神谷浩夫・丹羽孝仁［編著］彼・彼女たちは，なぜ海外に就職したのか．どのように働いているのか．自らの意思で海外に移住し，働く，日本人の実態を明らかにする。　　　　　　　　　　　　　　　　　　　　　2700円＋税

大学教育における教員の省察
持続可能な教授活動改善の理論と実践　大山牧子［著］「ふりかえる」だけでなく熟考するために——持続的な授業改善のために自らを対象として熟考し，行動の指針を得る「省察」を支援する。　　　　　　　　　　　　　　　　　　　　　3200円＋税

人をつなげる観光戦略
人づくり・地域づくりの理論と実践　橋本和也［編］「観光で人を育て，地域を育て」「地域のための，地域を生かす」観光まちづくりを目指す人々のために活かせる理論と実践。　　　　　　　　　　　　　　　　　　　　　　　　　2600円＋税

アクティブラーニング型授業としての反転授業 ［理論編］
森　朋子・溝上慎一［編］日本の大学で行われている反転授業の取組を調査し，アクティブラーニング型授業の発展型の一つとして位置づけるための理論を探る。　2600円＋税

アクティブラーニング型授業としての反転授業 ［実践編］
森　朋子・溝上慎一［編］現在行われている反転授業の取組を調査するなかから，文理を問わず多様な分野の多彩な実践事例を厳選して集約した実践編。　　2600円＋税

メディアをつくって社会をデザインする仕事
プロジェクトの種を求めて　大塚泰造・松本健太郎［監修］教育現場，地域社会，現代文化を変えようとする起業家たちはどのような思いを伝えたのか？　大学生たちが自ら編み上げたインタビュー集。　　　　　　　　　　　　　　　　1900円＋税

子どものための主権者教育
大学生と行政でつくるアクティブ・ラーニング型選挙出前授業　中　善則［編著］京都市右京区選挙管理委員会・右京区学生選挙サポーター［協力］小学生が当事者となり，模擬選挙のみならず自分たちで課題について考え，話し合い，まとめ，表現し，保護者にも伝える取り組みを紹介。　　　　　　　　　　　　　　　　2500円＋税

ライト・アクティブラーニングのすすめ
橋本　勝［編］現実に立脚し，教員・学生・職員・市民がそれぞれの目線から「肩の力を抜く」必要性を説く「もう一つのアクティブラーニング論」。　2200円＋税

大学生の主体的学びを促すカリキュラム・デザイン
アクティブ・ラーニングの組織的展開にむけて　日本高等教育開発協会・ベネッセ教育総合研究所［編］全国の国立・公立・私立大学の学科長へのアンケート調査と多様なケーススタディから見えてきたカリキュラム改定の方向性とは何か。　2400円＋税

課題解決型授業への挑戦
プロジェクト・ベースト・ラーニングの実践と評価　後藤文彦［監］伊吹勇亮・木原麻子［編著］キャリア教育として長年実施され，高評価を得ている三年一貫授業の事例を包括的に紹介し，日本における課題解決型授業の可能性を拓く。　3600円＋税

大学におけるアクティブ・ラーニングの現在
学生主体型授業実践集　小田隆治［編］日本の大学で行われているアクティブ・ラーニングの多様性と豊かさを伝えるとともに，その導入のヒントとなる実践事例集。　2800円＋税

かかわりを拓くアクティブ・ラーニング
共生への基盤づくりに向けて　山地弘起［編］アクティブラーニングを縦横に活用した大学授業を取り上げ，メッセージ・テキスト，学習の意義，実践事例，授業化のヒントを紹介。　2500円＋税

教養教育の再生
林　哲介［著］教育答申や財界の意見等を批判的に読み解きながら教養教育の変容をふりかえり，何が欠落してきたか，あるべき姿とは何かを提言する。　2400円＋税

教養教育の思想性
林　哲介［著］大学設置基準「大綱化」前後の大学内外の議論を詳らかにし，思想史と日本の学制の歩みを紐解く中からあるべき教養教育を提示する。　2800円＋税

学生・教職員・自治体職員・地域住民のための地域連携PBLの実践
田中　優［著］地域活性化と学生のガバナンス能力向上をめざし行った「地べたのPBL」の実践について報告し，そこで培われたノウハウを紹介する。　2800円＋税

ファシリテーションで大学が変わる：大学編
アクティブ・ラーニングにいのちを吹き込むには　中野民夫・三田地真実［編著］参加者（学習者）中心の学びや創造の場をつくる技芸であるファシリテーションの技術・心構えと大学教育でのリアルな活用法を解説。　2200円＋税

大学初年次における日本語教育の実践
大学における学習支援への挑戦3　仲道雅輝・山下由美子・湯川治敏・小松川浩［編］初年次教育に日本語教育を取り入れていくために必要な全学的な普及推進，科目運営，体制，実施方法を紹介。　2300円＋税

大学におけるeラーニング活用実践集
大学における学習支援への挑戦2　大学eラーニング協議会・日本リメディアル教育学会［監修］大学教育現場でのICTを活用した教育実践と教育方法，教育効果の評価についての知見をまとめ様々なノウハウを徹底的に紹介する。　3400円＋税

大学における学習支援への挑戦
リメディアル教育の現状と課題　日本リメディアル教育学会［監修］500以上の大学・短大などから得たアンケートを踏まえ，教育の質の確保と向上を目指す日本の大学教育の最前線60事例を紹介。　2800円＋税

学士力を支える学習支援の方法論
谷川裕稔［代表編者］高等教育機関における「学習支援」の枠組みを明確に提示し，学生の質保証という難題に立ち向かうさまざまな工夫と実践を網羅する。　3600円＋税

アメリカの大学に学ぶ学習支援の手引き
日本の大学にどう活かすか　谷川裕稔［編］現在，定着しつつある様々な教育支援プログラムは，いかなる経緯でアメリカの大学に生み出されたのか。それをどう活かすべきなのか。　2400円＋税

大学における多文化体験学習への挑戦
国内と海外を結ぶ体験的学びの可視化を支援する　村田晶子［編著］海外，国内での異文化体験と多様な背景をもつ人々との交流を「多文化体験学習」と捉え多様な実践から教育デザインと学びの意義を分析。　2900円＋税

大学における海外体験学習への挑戦
子島　進・藤原孝章［編］様々なプログラムを記述・分析する「事例編」と学習を総合的に検討する「マネジメントと評価編」を通しよりよい実践をめざす。　2800円＋税

3訂 大学 学びのことはじめ
初年次セミナーワークブック　佐藤智明・矢島　彰・山本明志［編］高大接続の初年次教育に最適なベストセラーワークブックをリフレッシュ。全ページミシン目入りで書込み，切り取り，提出が簡単！　　　　　　　　　　　　　　　　1900円＋税

実践 日本語表現
短大生・大学1年生のためのハンドブック　松浦照子［編］聴く・書く・調べる・読む・発表するなどアカデミックスキルの基礎と就職活動への備えを一冊に。教育実践現場で磨かれた実践テキスト。　　　　　　　　　　　　　　　　2000円＋税

大学1年生のための日本語技法
長尾佳代子・村上昌孝［編］引用を使いこなし，論理的に書く。徹底した反復練習を通し，学生として身につけるべき日本語作文の基礎をみがく。　　　　1700円＋税

学生のための学び入門
ヒト・テクストとの対話からはじめよう　牧　恵子［著］「何かな？」という好奇心からスタートしましょう。好奇心に導かれた「対話」から，訪れる気づきを「書く」力をみがきます。　　　　　　　　　　　　　　　　　　　　　　1800円＋税

理工系学生のための大学入門
アカデミック・リテラシーを学ぼう！　金田　徹・長谷川裕一［編］キャンパスライフをエンジョイする大学生の心得を身につけライティングやプレゼンテーションなどのリテラシーをみがこう！　　　　　　　　　　　　　　　　　1800円＋税

大学生のための日本語問題集
山下由美子・中﨑温子・仲道雅輝・湯川治敏・小松川浩［編］初年次教育をはじめ，リメディアル教育，入学前教育など幅広いレベルに対応したオンラインでも学べる日本語問題集。　　　　　　　　　　　　　　　　　　　　　　　　1800円＋税

大学生のためのディベート入門
論理的思考を鍛えよう　内藤真理子・西村由美［編著］1冊で準備から試合までの一連の流れを経験。振り返りを共有し，ディベートの構造を理解し，自らの論理を客観的にみるための入門書。　　　　　　　　　　　　　　　　　　　　2300円＋税

教養としての数学［増補版］
堤　裕之［編著］畔津憲司・岡谷良二［著］すべての大学生がこれだけは最低でも身に付けておくべき数学と理系学生が前提として知っておくべき知識を1冊で学べるテキスト。　　　　　　　　　　　　　　　　　　　　　　　　　　2500円＋税

大学生からのグループ・ディスカッション入門

中野美香［著］就職活動や職場での会議のために，グループ・ディスカッションのスキルを具体的に高めるテキスト。書き込み便利なワークシート付き。　　　1900円＋税

大学生からのプレゼンテーション入門

中野美香［著］書き込みシートを使って，現代社会では欠かせないプレゼン能力とプレゼンのマネジメント能力をみがき，段階的にスキルを発展！　　　1900円＋税

大学1年生からのコミュニケーション入門

中野美香［著］充実した議論へと誘うテキストとグループワークを通じてコミュニケーション能力を磨く。高校生，大学生，社会人向けテキスト。　　　1900円＋税

話し合いトレーニング

伝える力・聴く力・問う力を育てる自律型対話入門　大塚裕子・森本郁代［編著］様々な大学での授業実践から生まれた，コミュニケーション能力を総合的に発揮する話し合いのトレーニングをワークテキスト化！　　　1900円＋税

ピアチューター・トレーニング

学生による学生の支援へ　谷川裕稔・石毛　弓［編］大学で学生同士の学びが進むには？　学生の学習を支援する学生＝「ピアチューター」養成のための決定版ワークブック！　　　2200円＋税

コミュニケーション実践トレーニング

杉原　桂・野呂幾久子・橋本ゆかり［著］信頼関係を築く，見方を変えてみる，多様な価値観を考える――ケアや対人援助などに活かせる基本トレーニング。　　　1900円＋税

プレゼンテーション実践トレーニング

杉田祐一・谷田昭吾［著］野呂幾久子［編］杉原　桂・橋本ゆかり［監］論理的な，そして感情をまじえた「伝わる」プレゼンの表現を，実習を通し，ステップを踏みながら身につけられるワークブック。　　　1900円＋税

自己発見と大学生活

初年次教養教育のためのワークブック　松尾智晶［監修・著］中沢正江［著］アカデミックスキルの修得を意識しながら，「自分の方針」を表現し合い，問いかけ，楽しみつつ学ぶ機会を提供する初年次テキスト。　　　1500円＋税

自立へのキャリアデザイン

地域で働く人になりたいみなさんへ　旦まゆみ［著］なぜ働くのか，ワーク・ライフ・バランス，労働法，ダイバーシティ等，グローバルに考えながら地域で働きたい人のための最新テキスト。　　　　　　　　　　　　　　　　　　　　　1800円＋税

キャリア・プランニング

大学初年次からのキャリアワークブック　石上浩美・中島由佳［編著］学びの心構え，アカデミック・スキルズはもちろんキャリア教育も重視したアクティブな学びのための初年次から使えるワークブック。　　　　　　　　　　　　　　　　　　1900円＋税

キャリアデザイン入門

自分を探し，自分をつくる　古田克利［著］キャリアとは何か。仕事や人生を考える上で必要な理論やデータを学び，ワークを通して自己を知り組織を知るための視点を身につけよう。　　　　　　　　　　　　　　　　　　　　　　　　2200円＋税

キャリアカウンセリング実践

24の相談事例から学ぶ　渡辺三枝子［編著］カウンセリングの前提からプロセス，仮説，方針，その後の対応まで示した，自らのアプローチを考え，発展させるための手引書。　　　　　　　　　　　　　　　　　　　　　　　　　　　2400円＋税

共に生きるためのキャリアプランニング

ダイバーシティ時代をどう生きるか　平岩久里子［著］求められるのは，多様化する時代を見据え，自己実現への道を描くこと。先駆者の言葉から視野を広げ，ノウハウを学び，いざ実践！　　　　　　　　　　　　　　　　　　　　　　2200円＋税

キャリア心理学ライフデザイン・ワークブック

杉山　崇・馬場洋介・原　恵子・松本祥太郎［著］キャリア理論を基礎とした事例とワークで，仕事に愛され，会社に選ばれ，主体的に「自分のキャリア」を積み上げられる人材になる！　　　　　　　　　　　　　　　　　　　　　　　2000円＋税

業界研究 学びのことはじめ

キャリア・エデュケーション・ワークブック　佐藤智明・矢島　彰・安高真一郎・山本明志・高橋泰代［編］本書では，調べる力，分析する力にポイントをおきながら，就職活動に役立つよう業界研究の進め方について学びます。　　　　　2200円＋税